MARGIT PROEBST

einfach NUDELN

Mit der kostenlosen »GU Einfach Kochen«-App zum Buch hast Du Deine Lieblingsrezepte immer dabei!

Und so einfach geht's:

Lade die kostenlose »GU Einfach Kochen«-App im Apple App Store oder im Google Play Store auf Dein Smartphone. Starte die App und wähle Dein Buch aus. Scanne das gewünschte Rezeptbild mit der Kamera Deines Smartphones. Klicke im Display auf die Funktionen Deiner Wahl: Sammele Deine Lieblingsrezepte und teile sie mit Deinen Freunden, speichere und verschicke Deine Einkaufslisten per E-Mail oder finde ganz einfach den nächsten Supermarkt in Deiner Nähe.

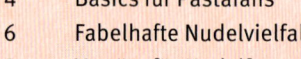

EXTRAS UND SERVICE

16 MIT TOMATE, SAHNE & CO.

34 MIT FLEISCH UND FISCH

70 VEGETARISCH

100 AUS DEM OFEN

QUALITÄTS
GU
GARANTIE

DIE GU-QUALITÄTS-GARANTIE

Wir möchten Ihnen mit den Informationen und Anregungen in diesem Buch das Leben erleichtern und Sie inspirieren, Neues auszuprobieren. Bei jedem unserer Bücher achten wir auf Aktualität und stellen höchste Ansprüche an Inhalt, Optik und Ausstattung. Alle Rezepte und Informationen werden von unseren Autoren gewissenhaft erstellt und von unseren Redakteuren sorgfältig ausgewählt und mehrfach geprüft. Deshalb bieten wir Ihnen eine 100 %ige Qualitätsgarantie.

Darauf können Sie sich verlassen:
Wir legen Wert darauf, dass unsere Kochbücher zuverlässig und inspirierend zugleich sind. Wir garantieren:
• dreifach getestete Rezepte
• sicheres Gelingen durch Schritt-für-Schritt-Anleitungen und viele nützliche Tipps
• eine authentische Rezept-Fotografie

Wir möchten für Sie immer besser werden:
Sollten wir mit diesem Buch Ihre Erwartungen nicht erfüllen, lassen Sie es uns bitte wissen! Nehmen Sie einfach Kontakt zu unserem Leserservice auf. Sie erhalten von uns kostenlos einen Ratgeber zum gleichen oder ähnlichen Thema. Die Kontaktdaten unseres Leserservice finden Sie am Ende dieses Buches.

GRÄFE UND UNZER VERLAG
Der erste Ratgeberverlag – seit 1722.

Das brauchst Du
zum Nudelglück!

1 Topf und Sieb

Nudeln müssen schwimmen, deshalb brauchst Du einen großen Topf mit passendem Deckel. Für 2 Portionen sollten mindestens 3 l Wasser reinpassen, für 4 Portionen mindestens 5, besser 6 l . Schließlich soll nichts überkochen. Ebenso wichtig ist ein stabiles Sieb, das wackelfrei im Spülbecken steht. Es wird auch Seiher oder Durchschlag genannt.

2 Küchenwecker

Bissfest schmeckt Pasta am besten, deshalb muss man die Kochzeit einhalten. Also rein mit den Nudeln ins Kochwasser und den Wecker gestellt – jeweils eine Minute weniger, als auf der Packung steht. Ist die Zeit um, solltest Du eine Nudel herausfischen und probieren. Wenn's passt, alle Nudeln ins Sieb abgießen. Ansonsten noch etwas länger kochen lassen und immer wieder mal eine probieren.

3 Reiben

Parmesan, Gemüse, Zitronenschale – für Pastasaucen gibt es ständig was zu reiben und zu raspeln. Gut und zweckmäßig ist eine Vierkantreibe, auf der man hobeln, reiben, fein und grob raspeln kann. Echte Pasta-Fans besitzen noch eine dekorative Parmesanreibe mit Auffangbehälter, die man mit auf den Tisch stellen kann.

4 Pürierstab

Damit bereitest Du auf Knopfdruck und in Sekundenschnelle kräuterfrisches Pesto und cremige Nudelsaucen zu – ein fabelhafter, schneller Helfer! Achte beim Kauf darauf, dass sich der Pürieraufsatz abnehmen und leicht reinigen lässt!

5 Ofenfeste Formen

Die brauchst Du für Lasagne, Cannelloni und andere überbackene Nudelgerichte. Mit einer kleineren Form für 2 Portionen und einer größeren für 4 bist Du bestens ausgestattet. Die Formen sollten einen hohen Rand haben, damit beim Überbacken nichts überlaufen kann.

Von lang und dünn bis kurz und lockig

1 Die Langen

Italienische Nudeln wie Spaghetti und Makkaroni kennt und liebt jedes Kind. Sie werden aus Hartweizengrieß, Wasser und Salz hergestellt und dann getrocknet, was sie nahezu unbegrenzt haltbar macht. Daneben gibt es die gehaltvolleren Eiernudeln wie zum Beispiel Tagliatelle und Pappardelle. Sie werden gern mit sahnigen Saucen und edlen Zutaten kombiniert. Im Prinzip aber passen alle Sorten zu allen Saucen. Bei den langen Nudeln besonders wichtig: Zerkoch' sie nicht, sondern gieße sie rechtzeitig ab, solange sie noch bissfest (ital.: »al dente«) sind.

2 Die Kurzen

Penne, Rigatoni, Farfalle & Co. bringen Abwechslung auf den Pastateller. Sind sie gerillt (ital.: »rigate«), so lässt sich damit die Sauce besonders gut aufgabeln. Deshalb werden sie in Italien gern zu Ragouts serviert. Doch auch hier gibt's keine festen Regeln: Du kannst sie nach Lust und Laune mit jeder Sauce kombinieren.

3 Die Ofenfesten

Mit Lasagneblättern und Cannelloni zauberst Du ganz einfach die herrlichsten Aufläufe. Achte darauf, dass Du die Nudelblätter und -rollen ohne Vorkochen verwenden kannst. Auch Makkaroni und kurze, dicke Nudeln eignen sich prima für Ofengerichte. Originell sind Conchiglioni (Riesenmuschelnudeln), die sich wunderbar füllen lassen.

4 Die Frischen

In der Kühltheke im Supermarkt oder Bioladen findest Du frische Nudeln in reicher Auswahl. Besonders bei gefüllten Nudeltäschchen wie Tortellini, Ravioli oder Mezzalune sind frische Exemplare immer die bessere Wahl, weil ihre Füllung schön saftig ist. Auch frische Eierbandnudeln schmecken feiner als getrocknete. Sie sind auch fixer zubereitet, denn sie haben eine kürzere Garzeit.

5 Die Asiatischen

Auch in Asien gibt es Weizennudeln, Eier-Mie-Nudeln beispielsweise. Ebenfalls beliebt sind Reisnudeln (aus Reismehl), die im getrockneten Zustand durchsichtig aussehen und beim Kochen weiß werden. Glasnudeln (aus Mungobohnenstärke) müssen gar nicht gekocht, sondern nur mit kochendem Wasser übergossen werden.

5 Traumpartner
für Pasta

1 Öle …

… glänzen in der Nudelküche. Für die Zubereitung italienischer Pastasaucen tut's ein einfaches, raffiniertes Olivenöl. Für Pesto und feine Nudelsalate aber macht sich ein gutes, kaltgepresstes Olivenöl bezahlt: Es rundet den Geschmack perfekt ab. Für Asia-Nudelgerichte brauchst Du zusätzlich ein geschmacksneutrales Öl, Rapskernöl oder Erdnussöl ist zum »Wokken« empfehlenswert.

2 Tomaten …

… sind die Basis unzähliger Pasta-Saucen. 10 Monate im Jahr sind bei uns Dosentomaten (am besten stückige, ohne weitere Zusätze) die beste Wahl. Nur im Hochsommer können reife Strauch-, Fleisch- und Eiertomaten geschmacklich mithalten. Dann solltest Du zugreifen!

3 Kräuter ...

... geben vielen Nudelgerichten den entscheidenden Geschmackskick! Thymian und Oregano haben auch getrocknet die rechte Würze, Basilikum, Minze und Rosmarin aber schmecken besser frisch. Wenn Du ein paar Kräutertöpfchen auf der Fensterbank stehen hast, dann bist Du perfekt ausgerüstet für eine ganze Reihe leckerer Nudelsaucen.

4 Tomatenmark ...

... ist konzentriertes Tomatenaroma, das vielen Saucen mehr Fülle und Intensität verleiht. Röste es immer gut mit den anderen Zutaten an, dann entfaltet sich der Geschmack am besten!

5 Parmesan ...

... ist das i-Tüpfelchen auf nahezu allen italienischen Pastagerichten. Lass die Finger von fertig geriebenem Käse und kaufe Parmesan unbedingt am Stück! Frisch gerieben schmeckt der italienische Hartkäse aus Kuhmilch einfach am besten. Und so ein Stück hält, in Käsepapier verpackt, im Kühlschrank gut 4 Wochen. Wer's noch würziger mag, nimmt Pecorino (Hartkäse aus Schafmilch).

Nudeln perfekt kochen

So werden sie genau »al dente«

Zubereitungszeit: **ca. 6–15 Min.**
Pro Portion getrocknete Nudeln: **ca. 350 kcal**
Pro Portion frische Nudeln: **ca. 195 kcal**

Für 2 Personen
Salz
200 g getrocknete oder
300 g frische Nudeln
(aus der Kühltheke)

4 +

So gehst Du vor: Die Nudeln abwiegen, Salz und Teelöffel bereitlegen. Großen Topf, Sieb und Kochlöffel bereithalten.

Topfregel Nr. 1: Lieber zu groß als zu klein!

Wasser in den Topf gießen: Für 200 g getrocknete Nudeln brauchst Du 2 l, für 300 g frische Nudeln 3 l Wasser. Der Topf darf dabei mit der Wassermenge höchstens zu zwei Dritteln gefüllt sein.

Das Wasser zum Kochen bringen – am besten zugedeckt, das geht schneller und spart so Energie. Noch nicht salzen, denn Salzwasser braucht länger, bis es kocht.

3

Sobald das Wasser kocht, pro 100 g Nudeln 1 TL Salz hineingeben. Dann die Nudeln dazugeben, einmal umrühren und offen garen. Dabei soll das Wasser ständig sprudelnd kochen. Den Küchenwecker auf 1 Min. weniger einstellen, als auf der Packung angegeben ist.

4

5

Wenn der Wecker klingelt, eine Nudel herausfischen und probieren. Sie soll noch ein wenig Biss haben, darf aber nicht hart sein. Falls das der Fall ist, Nudeln noch ein wenig weiterkochen lassen, dann wieder probieren.

Vorsicht, heiß!

6

Das Sieb ins Waschbecken stellen. Nudeln samt Kochwasser hineinschütten. Die Nudeln je nach Rezept gar nicht oder ein wenig abtropfen lassen, dann mit der Sauce mischen.

Sauce bolognese

Zubereitungszeit: **ca. 25 Min.**
Garen: **20 Min.–1 Std.**
Pro Portion: **ca. 370 kcal**

Für 4 Personen
1 Zwiebel
1 Knoblauchzehe
1 kleine Möhre
1 Stange Staudensellerie
2 EL Olivenöl
400 g Rinderhackfleisch
2 EL Tomatenmark
250 ml Rotwein (oder Gemüsebrühe)
2 Dosen stückige Tomaten (je 400 g)
1 TL getrockneter Oregano
Salz | Pfeffer

Das brauchst Du: Alle Zutaten abmessen und bereitlegen, und dann kann's auch schon losgehen!

Du kannst den Knoblauch auch durch die Presse drücken.

Zwiebel schälen, längs halbieren, die Hälften längs einschneiden und quer in Würfel schneiden. Knoblauch schälen, halbieren, ggf. den penetrant schmeckenden, grünen Trieb entfernen, die Hälften fein hacken.

Die Möhre schälen und auf der Küchenreibe grob raspeln. Die Selleriestange waschen und sehr klein würfeln.

3

Einen Schmortopf bei mittlerer Hitze erhitzen, das Öl hineingeben. Das Hackfleisch hineingeben und in 3–4 Min. »krümelig braten«, also jeweils 1 Min. braten und Farbe annehmen lassen, mit dem Kochlöffel zerteilen und umrühren, wieder 1 Min. braten usw.

4

5

»Ablöschen« ist Küchen-deutsch für Flüssigkeit angießen.

Dann Zwiebel, Knoblauch und Tomatenmark dazugeben und 2 Min. mitbraten. Gemüse unterrühren und 1 Min. mitbraten. Alles mit Wein oder Brühe ablöschen (es darf zischen), dann Tomaten und Oregano unterrühren und alles aufkochen lassen.

6

Die Sauce mindestens 20 Min., besser noch 1 Std. bei schwacher Hitze zugedeckt köcheln lassen, dabei gelegentlich umrühren. Zum Schluss mit Salz und Pfeffer abschmecken.

Sauce bolognese?
Da geht noch mehr!

BOLO-BASICS

* **Hackfleisch:** Ob Du reines Rinderhackfleisch oder »Gemischtes« aus halb Rinder- und halb Schweinehack nimmst, ist Geschmackssache! Qualität aber zahlt sich in jedem Fall aus. Frisch durchgedrehtes Fleisch von einem guten Metzger gibt ein ungleich besseres Aroma als wässrige Billigware aus dem Supermarkt.
* **Tomaten:** Im Hochsommer schmeckt die Bolo mit frischen, vollreifen Tomaten am besten. In der übrigen Zeit aber sind Dosentomaten die bessere Wahl. Außerdem sollte in jedem Fall Tomatenmark mit von der Partie sein und gut angebraten werden – die Röststoffe, die dabei entstehen, geben richtig Geschmack.
* **Wein:** Wer nicht strikter Antialkoholiker ist, sollte nicht darauf verzichten. Der Alkohol verkocht, zurück bleibt das köstliche Aroma.

AHA! EIN PAAR TIPPS:

* Mach' am besten gleich mehr, auch wenn Du nur zwei Portionen brauchst. In größerer Menge gelingt die Bolognese nämlich besser. Der Rest hält im Kühlschrank 4–5 Tage oder im Tiefkühlschlaf ca. 4 Monate. Und daraus kannst Du ganz fix eine wunderbare Lasagne zaubern (siehe Rezept S. 108).
* Statt Spaghetti schmecken auch Makkaroni, Linguine und Bandnudeln gut zur Sauce bolognese.
* Parmesan geht immer. Wer's würziger mag, nimmt Pecorino, den italienischen Hartkäse aus Schafmilch.

MAL WAS ANDERES? BITTESCHÖN!

* *Vegetarische Variante: Soja-Bolognese*
  Für 4 Personen: **100 g feine Soja-Schnetzel** (Bioladen) nach Packungsangabe mit **200 ml kochender Gemüsebrühe** übergießen und quel-
  len lassen. **1 Zwiebel, 1 Knoblauchzehe, 1 Möhre** und **1 Stange Staudensellerie** vorbereiten (siehe S. 12). Erst Zwiebel, Knoblauch und
  2 EL Tomatenmark in **2 EL Olivenöl** anbraten, dann die Soja-Schnetzel
  2 Min. mitbraten. Sauce weiter wie beschrieben zubereiten.
* *Orientalische Variante: Lamm-Bolognese*
  Für 2 Personen: **1 kleine Zwiebel** und **1 Knoblauchzehe** schälen und fein
  hacken. **1 EL Olivenöl** in der Pfanne erhitzen, **250 g Lammhackfleisch**
  krümelig anbraten. **Zwiebel, Knoblauch, 1 EL Tomatenmark** und **½–1 TL
  Harissa (scharfe Chilipaste)** mitbraten. Mit **1 TL Ras-el-Hanout** (Würzmi-
  schung aus dem Orientladen) würzen. **100 ml Gemüsebrühe (Instant)**
  angießen und 10 Min. einkochen lassen. Sauce mit je **2 EL gehackten
  Koriander- und Minzeblättchen** und etwas **Salz** würzen.

Die Sauce
ist zu salzig?
Dann koch' die
Nudeln ohne.

AAAAH ... HILFE!

* **Die Sauce schmeckt fad?**
  Mit Salz und 1 Prise Zucker nachwürzen. Eventuell noch
  1 frische Knoblauchzehe dazupressen.
* **Die Sauce ist zu dickflüssig?**
  Rühr' so viel Brühe unter, bis die Konsistenz stimmt.
  Dann aufkochen lassen und noch einmal abschmecken.
* **Die Sauce ist angebrannt?**
  Den oberen, nicht angebrannten Teil der Sauce in einen
  neuen Topf umfüllen und auf diese Weise retten. In den
  angebrannten Topf 1 Päckchen Backpulver und wenig
  heißes Wasser hineingeben und einweichen lassen.

MIT TOMATE, SAHNE & CO.

Spaghetti aglio e olio

so einfach und sooo lecker

Zubereitungszeit: **ca. 20 Min.**
Pro Portion: **ca. 620 kcal**

Für 2 Personen
Salz
200 g Spaghetti
2–3 Knoblauchzehen
2–3 Stängel Petersilie
6 EL Olivenöl
1–2 kleine getrocknete Chilischoten*

* Die kleinen scharfen Schoten findest Du im italienischen Feinkostladen oder im Gewürzregal großer Supermärkte auch unter dem Namen Peperoncini. In einem Schraubglas verschlossen halten sie praktisch ewig.

1. In einem Topf 2 l Wasser aufkochen lassen, 2 TL Salz und die Spaghetti hineingeben, einmal umrühren und die Nudeln nach Packungsangabe in ca. 8 Min. bissfest kochen.

2. Inzwischen den Knoblauch schälen, ggf. halbieren und die grünen Triebe entfernen. Knoblauch in dünne Scheiben schneiden. Die Petersilie waschen und trocken schütteln, die Blätter von den Stängeln zupfen und hacken.

3. Das Öl in einer Pfanne erhitzen. Den Knoblauch hineingeben und leicht braten, bis er goldgelb ist. Er darf nicht dunkelbraun werden, weil er dann bitter schmeckt! Chili mit den Fingern dazu bröseln (danach Hände waschen!). Die Petersilie in die Pfanne geben, 1 Prise Salz hinzufügen und mitbraten.

4. Die Nudeln in ein Sieb abgießen und ca. ½ Min. abtropfen lassen. Dann in die Pfanne geben und alles durchschwenken. Nudeln in zwei tiefe Teller verteilen und sofort servieren.

»Aglio e olio« ist italienisch und bedeutet »Knoblauch und Öl«.

Penne all'arrabbiata

Italo-Klassiker mit Chili-Kick

Zubereitungszeit: ca. 30 Min.
Pro Portion: **ca. 585 kcal**

Für 2 Personen
1 kleine Zwiebel
1 Knoblauchzehe
50 g geräucherter Speck (nach Belieben)
2 EL Olivenöl
1 Dose stückige Tomaten (400 g)
1 kleine getrocknete Chilischote
Salz
200 g Penne rigate
2 Stängel Petersilie

1. Die Zwiebel schälen und fein würfeln. Den Knoblauch schälen und halbieren, ggf. den grünen Trieb entfernen. Knoblauch fein hacken. Den Speck, falls verwendet, würfeln.

2. Das Öl in einem Topf erhitzen. Zwiebelwürfel, Knoblauch und Speck darin bei mittlerer Hitze in 1–2 Min. unter Rühren glasig andünsten. Tomaten dazugeben und unterrühren. Chilischote mit den Fingern dazubröseln (danach Hände waschen!). Die Sauce ca. 15 Min. bei schwacher Hitze zugedeckt einkochen lassen, dabei regelmäßig umrühren.

3. Inzwischen in einem Topf 2 l Wasser aufkochen lassen, 2 TL Salz und die Penne rigate hineingeben, einmal umrühren und die Nudeln nach Packungsangabe in ca. 10 Min. bissfest kochen.

4. Während die Nudeln kochen, die Petersilie waschen und trocken schütteln. Die Blätter zerzupfen. Die Sauce mit Salz abschmecken. Die Nudeln in ein Sieb abgießen, ca. ½ Min. abtropfen lassen, zur Sauce geben und gut durchmischen. In zwei tiefe Teller verteilen und die Petersilie darüberstreuen.

So schmeckt's auch

Chilischärfe ist nicht so Dein Ding? Dann lass die Chili weg und schmecke den Sugo (italienisch für Tomatensauce) mit ein wenig Pfeffer ab. 1 TL getrockneter Thymian oder Oregano (mit den Tomaten unterrühren und mitkochen lassen) gibt außerdem angenehme Kräuterwürze.

Tomaten-Basilikum-Salsa

mit Sommertomaten unwiderstehlich

Zubereitungszeit: **ca. 20 Min.**
Pro Portion: **ca. 220 kcal**

Für 2 Personen
4 reife Tomaten (ca. 400 g) *
2 Frühlingszwiebeln
1 Knoblauchzehe
½ Bund Basilikum
4 EL Olivenöl
Salz, Pfeffer

1

Das brauchst Du: Alle Zutaten und die benötigten Küchenutensilien zurechtlegen und dann kann's losgehen.

Die Tomaten müssen mit Wasser bedeckt sein.

2

Die Tomaten an der Unterseite kreuzförmig einritzen und für 1 Min. in kochendes Wasser legen. Nicht länger, damit die Tomaten nicht zu weich werden!

* Für die Salsa brauchst Du unbedingt saftige, sonnengereifte Tomaten, die es bei uns vor allem im Hochsommer gibt.

Tomaten mit einem Löffel herausheben und
kurz unter den kalten Wasserstrahl halten.
Danach lässt sich die Haut problemlos mit
einem kleinen Messer abziehen.

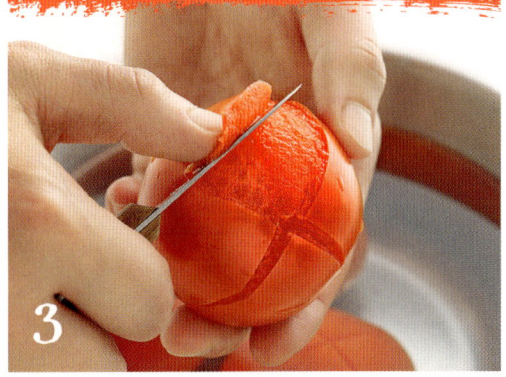

3

Die Tomaten quer halbieren und die Kerne
herausdrücken. Das Fruchtfleisch fein würfeln, dabei die Stielansätze wegschneiden.

4

5

Hier kannst
Du auch die
Knoblauchpresse
verwenden.

Von den Frühlingszwiebeln die Wurzeln und
einen Teil des Grüns wegschneiden, den Rest
waschen und in feine Ringe schneiden. Den
Knoblauch schälen und halbieren, ggf. den
grünen Trieb entfernen. Knoblauch würfeln.

6

Basilikum waschen und trocken schütteln,
die Blätter zerzupfen. Tomatenwürfelchen
mit Frühlingszwiebeln, Knoblauch, Basilikum und Olivenöl mischen. Salsa mit Salz
und Pfeffer abschmecken.

Tomaten-Sahne-Tortellini

einfach genial mit frisch-herber Rucola-Note

Zubereitungszeit: **ca. 20 Min.**
Pro Portion: **ca. 530 kcal**

Für 2 Personen
150 g Sahne
1 TL Tomatenmark
1 Knoblauchzehe
1 Handvoll Kirschtomaten
Salz
Cayennepfeffer
300 g frische Tortellini
(aus der Kühltheke;
Füllung nach Belieben)
½ Bund Rucola

1. In einem Topf 3 l Wasser aufkochen lassen. Gleichzeitig die Sahne in einer Pfanne mit dem Tomatenmark verrühren und bei mittlerer Hitze erwärmen. Knoblauch schälen und halbieren, ggf. den grünen Trieb entfernen. Knoblauch zur Sahnemischung geben und darin ziehen lassen.

2. Die Kirschtomaten waschen und vierteln. Unter die Sauce rühren und alles mit je 1 Prise Salz und Cayennepfeffer würzen.

3. Sobald das Wasser kocht, 3 TL Salz und die Tortellini hineingeben, einmal umrühren und die Nudeln nach Packungsangabe in 2–4 Min. bissfest kochen.

4. Inzwischen den Rucola waschen, grobe Stiele entfernen und die Blätter kleiner zupfen. Wenn die auf der Packung angegebene Kochzeit um ist und alle Tortellini oben schwimmen, die Nudeln zunächst mit einem Schaumlöffel herausheben (siehe Info) und dann in einem Sieb ca. ½ Min. abtropfen lassen.

5. Die Knoblauchhälften aus der Sahne fischen und wegwerfen (sie sollten die Sauce nur ganz leicht aromatisieren). Tortellini und Rucola zur Sauce geben und untermischen. Auf zwei Teller verteilen und sofort servieren.

Küchentrick ...

... der italienischen Hausfrau: Wenn die Garzeit um ist, eine Tasse kaltes Wasser ins kochende Nudelwasser geben. So wird der Garprozess gestoppt, und Du kannst die Tortellini problemlos aus dem Wasser heben, ohne dass sie weiterkochen und matschig werden. Die Nudeln sofort in ein Sieb abzugießen ist hier keine gute Idee, weil dabei oft ein paar Tortellini platzen.

Spaghetti alla carbonara

Lieblingsklassiker mit Eiern und Speck

Zubereitungszeit: **ca. 20 Min.**
Pro Portion: **ca. 700 kcal**

Für 2 Personen
80 g Pancetta
(ersatzweise 60 g Räucherspeck)*
50 g Parmesan (am Stück)
Salz
200 g Spaghetti
1 EL Butter
2 Eier (Größe M)
Pfeffer

* Pancetta verhält sich zu Räucherspeck wie Parma-
schinken zu einfachem Räucherschinken. Durchs
Lufttrocknen bekommt die italienische Speck-Spezi-
alität ein viel feineres Aroma. Gibt's in italienischen
Läden und gut sortierten Supermärkten.

1. Pancetta fein würfeln. Den Parmesan
auf der Küchenreibe fein reiben.

2. In einem Topf 2 l Wasser aufkochen
lassen, 2 TL Salz und die Spaghetti
hineingeben, einmal umrühren und
die Nudeln nach Packungsangabe in
ca. 8 Min. bissfest kochen.

3. Die Butter in einer Pfanne bei mittlerer
Hitze schmelzen lassen, den gewürfelten
Speck hineingeben und 3–4 Min. braten,
bis er eine goldgelbe Farbe annimmt.

4. Eine Schüssel zum Vorwärmen mit
heißem Wasser ausspülen. Die Eier
hineinschlagen, den geriebenen Käse
und reichlich Pfeffer dazugeben. Alles
sehr gut verrühren.

5. Die Nudeln in ein Sieb abgießen und
sofort (ohne Abtropfen lassen) in die
Schüssel geben. Den Speck aus der
Pfanne dazugeben und alles mit zwei
Löffeln gut durchmischen. Die Eier-
Käse-Mischung soll die Nudeln cremig
umhüllen. Die Spaghetti in tiefe Teller
verteilen und sofort servieren.

Nudeln mit Thunfisch-Sauce

Zubereitungszeit: ca. 20 Min.
Pro Portion: **ca. 670 kcal**

Für 2 Personen
1 Dose Thunfisch
(in Öl, ca. 185 g Füllgewicht)
2 EL kleine Kapern (Glas)
1 kleine Zwiebel
½ Bund Petersilie
Salz
200 g kurze Nudeln
(z. B. Penne oder Tortiglioni)
370 g passierte Tomaten (Tetrapak)
Pfeffer

So schmeckt's auch

Die Zutaten für diese Thunfisch-Pasta kannst Du immer im Vorrat haben: Statt frischer Petersilie geht wahlweise auch 1 TL getrockneter Oregano. Gerade keine Lust auf Tomatensauce? Dann ersetze das Tomatenpüree durch 3 EL Kräuterfrischkäse – passt ebenfalls gut zu Thunfisch und Kapern.

1. Den Thunfisch in ein Sieb abgießen, dabei 2 EL Öl auffangen und in eine Pfanne geben. Den Thunfisch mit einer Gabel ein wenig zerpflücken und abtropfen lassen. Kapern dazugeben und ebenfalls abtropfen lassen.

2. Die Zwiebel schälen und klein würfeln. Petersilie waschen und trocken schütteln. Die Blätter abzupfen und fein schneiden.

3. In einem Topf 2 l Wasser aufkochen lassen, 2 TL Salz und die Nudeln hineingeben, alles einmal gut umrühren und dann die Nudeln nach Packungsangabe in ca. 10 Min. bissfest kochen.

4. Inzwischen das Thunfischöl in der Pfanne erhitzen und die Zwiebelwürfel darin bei mittlerer Hitze in 1–2 Min. unter Rühren glasig andünsten. Thunfisch, die Kapern und passierten Tomaten unterrühren und alles bei mittlerer bis schwacher Hitze ca. 5 Min. offen köcheln lassen.

5. Die Sauce mit wenig Salz (Thunfisch und Kapern bringen schon Salz mit) und reichlich Pfeffer abschmecken und die Petersilie unterrühren. Die Nudeln in ein Sieb abgießen, ca. ½ Min. abtropfen lassen und in zwei tiefe Teller verteilen. Die Thunfischsauce darauf geben.

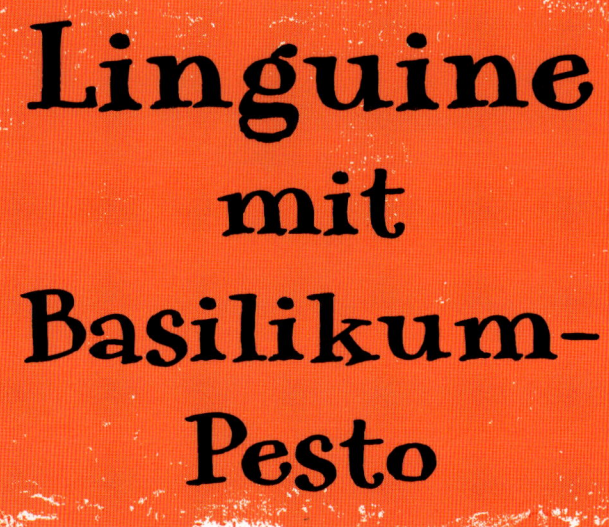

Linguine
mit
Basilikum-
Pesto

Linguine mit Basilikum-Pesto

umwerfend aromatisch wie in Ligurien

Zubereitungszeit: **ca. 25 Min.**
Pro Portion: **ca. 670 kcal**

Für 2 Personen
1 Bund Basilikum
1 Knoblauchzehe
30 g Parmesan (am Stück)
1 EL Pinienkerne
4 EL Olivenöl
1 TL Zitronensaft
Salz | Pfeffer
100 g kleine grüne Bohnen
1 festkochende Kartoffel (100 g)
200 g Linguine
Außerdem:
frisch geriebener Parmesan
zum Bestreuen (nach Belieben)

1. Für das Pesto das Basilikum waschen und trocken schütteln. Die Blätter abzupfen. Den Knoblauch schälen, halbieren und ggf. den grünen Trieb entfernen (siehe Info). Den Parmesan auf der Küchenreibe fein reiben.

2. Basilikumblätter, Pinienkerne, Knoblauchhälften, Olivenöl, Zitronensaft, 1 Prise Salz und 1 kräftige Prise Pfeffer im Mixer oder in einem hohen Gefäß mit dem Pürierstab pürieren, bis eine mittelfeine, cremige Paste entsteht. Es dürfen ein paar Pinienkernstückchen und Basilikumblättchen erkennbar sein.

Warum und wieso ...

... soll man den grünen Trieb aus der Knoblauchzehe entfernen? Das ist besonders wichtig, wenn der Knoblauch wie hier roh verspeist wird. Er gäbe dem Pesto nämlich ein unangenehmes, penetrantes Aroma. Am besten verwendest Du sehr frische Knoblauchzehen. Die haben nämlich keinen grünen Trieb.

3. Geriebenen Parmesan unterrühren und das Basilikum-Pesto nochmals mit Salz und Pfeffer abschmecken.

4. Die Bohnen waschen und die Enden wegschneiden. Die Bohnen je nach Länge in je 2–3 Stücke schneiden. Die Kartoffel schälen und ca. ½ cm groß würfeln.

5. In einem Topf 2 l Wasser aufkochen lassen, 2 TL Salz und die Nudeln hineingeben, einmal umrühren und die Nudeln ca. 3 Min. kochen lassen. Nach dieser Zeit die Bohnenstücke und die Kartoffelwürfelchen zu den Nudeln geben und ca. 7 Min. mitkochen lassen.

6. Eine Schüssel zum Vorwärmen mit heißem Wasser ausspülen, abtrocknen und das Pesto hineingeben. 2–3 EL Nudelkochwasser dazugeben, das Pesto damit cremig rühren (dadurch lässt es sich später besser mit den Nudeln mischen).

7. Die Nudeln samt Bohnen und Kartoffeln in ein Sieb abgießen und sofort (ohne Abtropfen lassen) zum Pesto geben. Alles mit zwei Löffeln gut durchmischen. In zwei tiefe Teller verteilen und gleich servieren. Wer mag, streut noch geriebenen Parmesan auf seine Portion.

ASIA-VARIANTE: KORIANDER-SESAM-PESTO

Für 2 Personen: **1 großes Bund Koriandergrün** waschen und trocken schütteln, die Blätter abzupfen. Von **1 Stängel Zitronengras** (aus dem Asienladen) 2–3 äußere, harte Blätter abschälen und die oberen zwei Drittel wegschneiden, das untere weiche Drittel klein schneiden. **1 Stück frischen Ingwer (ca. 3 cm)** schälen und klein schneiden. **1 große grüne Chilischote** waschen und längs aufschneiden. Die Kerne herausschaben und die Chilihälften klein schneiden (danach Hände waschen!). Koriander, Zitronengras, Ingwer und Chili mit **2 EL Sesamsamen, 2 EL neutralem Öl, 1 EL geröstetem Sesamöl, 2 EL Limettensaft** und ½ **TL Zucker** im Mixer oder in einem hohen Gefäß mit dem Pürierstab pürieren. Pesto mit **Salz** abschmecken. Passt zu Bandnudeln mit Fisch oder Garnelen.

MIT FLEISCH UND FISCH

Mediterraner Nudelsalat

farbenfroh und lecker

Zubereitungszeit: **ca. 20 Min.**
Pro Portion (bei 6): **ca. 440 kcal**

Für 4–6 Personen
Salz
500 g kurze Nudeln (Spirelli,
Farfalle oder Penne)
10 getrocknete, in Öl eingelegte Tomaten
1 Bund Basilikum
1 Knoblauchzehe
100 g Salatmayonnaise (23 % Fettgehalt)
75 g Joghurt
150 g kleine Kirschtomaten
100 g Serranoschinken (in Scheiben)
100 g schwarze Oliven
Pfeffer

1. In einem Topf 5 l Wasser aufkochen lassen, 5 TL Salz und die Nudeln hineingeben, einmal umrühren und die Nudeln nach Packungsangabe in 10–12 Min. bissfest kochen.

2. Inzwischen die getrockneten Tomaten abtropfen lassen und fein würfeln Das Basilikum waschen und trocken schütteln. Die Blätter abzupfen und fein schneiden. Knoblauch schälen und halbieren, ggf. den grünen Trieb entfernen. Knoblauch durch die Presse drücken oder fein hacken. Mayonnaise und den Joghurt in einer Schüssel glattrühren, dann die Tomatenwürfelchen, das Basilikum und den Knoblauch unterrühren.

3. Die Nudeln in ein Sieb abgießen, sofort kalt überbrausen (siehe Info), abtropfen und etwas abkühlen lassen.

4. Die Kirschtomaten waschen und halbieren. Den Schinken vom Fettrand befreien und in Streifen schneiden. Beides mit den abgetropften Nudeln und den Oliven unter die Tomaten-Basilikum-Mayonnaise mischen. Den Salat probieren und bei Bedarf mit Salz und Pfeffer abschmecken.

Warum und wieso …

…soll man hier die Nudeln nach dem Kochen mit kaltem Wasser überbrausen? Durch das »Kalt abschrecken« – so nämlich nennt man das auch – wird der Garprozess blitzschnell gestoppt, und die Nudeln bleiben deshalb schön bissfest.

Eignet sich super als Partysalat!

Glasnudel-salat mit Hackfleisch

Glasnudelsalat mit Hackfleisch

scharfer Thailänder mit frischer Kräuterwürze

Zubereitungszeit: **ca. 25 Min.**
(+ Abkühlzeit)
Pro Portion: **ca. 680 kcal**

Für 2 Personen
100 g Glasnudeln
2 Stangen Staudensellerie
1 große rote Chilischote
je ½ Bund Koriandergrün
und Minze
2 EL Fischsauce (siehe Info)
3 EL Limettensaft
1 TL Zucker
2 EL neutrales Öl
200 g Schweinehackfleisch
40 g geröstete, gesalzene Cashewkerne

1. Die Glasnudeln in eine Schüssel legen, mit kaltem Wasser bedecken und 15 Min. einweichen, bis sich das feste Bündel auseinanderlösen lässt.

2. Inzwischen den Staudensellerie waschen, die Blätter abschneiden und beiseitelegen. Die Stangen in dünne Scheiben schneiden.

3. Die Chilischote putzen, quer in Ringe schneiden und in eine kleine Schüssel geben (danach Hände waschen!). Chiliringe mit kaltem Wasser bedecken, damit sich die scharfen Samen herauslösen. Koriandergrün und Minze waschen und trocken schütteln, die Blätter abzupfen und mit den Sellerieblättern grob hacken.

Muss es denn…

… unbedingt diese übel riechende Fischsauce sein? Na ja, sie gibt dem scharfen Thai-Salat die typische Würze, die in Verbindung mit Chili, Limettensaft, Zucker und Kräutern wirklich einzigartig ist. Wer sich gar nicht damit anfreunden kann, gibt stattdessen ½ TL Salz ins Kochwasser und 1 kräftige Prise Salz ins Dressing.

4. In einer größeren Schüssel die Fischsauce mit dem Limettensaft und dem Zucker verrühren, bis sich die Zuckerkristalle gelöst haben. Das Öl unterrühren. Den Staudensellerie, die Chiliringe und Kräuter untermischen.

5. Die eingeweichten Nudeln in ein Sieb abgießen und mit einer Küchenschere in ca. 8 cm lange Stücke schneiden. (Das ist kein Muss, aber so kann man den Salat später leichter essen.)

6. In einem Topf 500 ml Wasser aufkochen lassen. Das Schweinehackfleisch in kirschgroße Stückchen zupfen und mit den Glasnudeln hineingeben. Wasser aufkochen und ca. 2 Min. kochen lassen, dann alles in das Sieb abgießen und 1 Min. abtropfen lassen. Noch warm mit den übrigen Zutaten in der Schüssel mischen. Den Glasnudelsalat vollständig abkühlen lassen, zwischendurch noch einmal durchmischen, damit sich alle Zutaten gut mit dem Dressing verbinden.

7. Die Cashewkerne im Mörser grob zerstoßen oder grob hacken. Den Glasnudelsalat eventuell noch mit ein wenig Limettensaft oder Zucker abschmecken. Dann in zwei Schalen verteilen und die Cashewkerne darüberstreuen.

VARIANTE: GLASNUDELSALAT MIT CHILIGARNELEN

Für 2 Personen: **100 g Glasnudeln** mit kochendem Wasser übergießen und 3–4 Min. ziehen lassen. In ein Sieb abgießen und mit einer Küchenschere in ca. 8 cm lange Stücke schneiden. **1 Stück frischen Ingwer (1 cm)** und **1 Knoblauchzehe** schälen und fein hacken. **1 große rote Chilischote** waschen, putzen und längs aufschneiden. Kerne herausschaben, Chilihälften fein hacken (danach Hände waschen!). **150 g gegarte geschälte Partygarnelen** (Kühltheke) mit Ingwer, Knoblauch und Chili mischen. Aus **2 EL Fischsauce, 3 EL Limettensaft** und **1 TL Zucker** ein Dressing rühren. Von **2 Frühlingszwiebeln** die Wurzeln und einen Teil des Grüns abschneiden, den Rest waschen und in feine Ringe schneiden. Mit **2 EL gehacktem Koriandergrün**, Glasnudeln und Chiligarnelen unter das Dressing heben.

Reginette heißen
die Bandnudeln
mit dem hübsch
gewellten Rand.

Reginette mit Filet und grünem Pfeffer

genial für Gäste und noch dazu schnell gemacht

Zubereitungszeit: **ca. 20 Min.**
Pro Portion: **ca. 820 kcal**

Für 2 Personen
250 g Rinderfilet
2 Schalotten
Salz
200 g Reginette
2 EL neutrales Öl
Pfeffer
100 ml trockener Weißwein
100 g Crème fraîche
1–2 EL grüner Pfeffer (Glas)*

* Wer die Schärfe des grünen Pfeffers nicht mag, nimmt 1 EL rosa Pfefferbeeren, zerstößt sie im Mörser und rührt sie zum Schluss unter die Sauce.

1. Das Rinderfilet zunächst quer zur Faser in ca. ½ cm dicke Scheiben schneiden. Diese Scheiben dann in ½ cm dicke und 3–4 cm lange Streifen schneiden. Die Schalotten schälen und fein hacken.

2. In einem Topf 2 l Wasser aufkochen lassen. 2 TL Salz und die Nudeln hineingeben, mit einem langen Kochlöffel einmal umrühren und die Nudeln nach Packungsangabe in ca. 9 Min. bissfest kochen.

3. Während die Nudeln kochen, das Öl in einer Pfanne erhitzen. Die Fleischstreifen darin in 2–3 Min. bei starker Hitze anbraten, bis sie rundherum braun sind. Die Fleischstreifen mit Salz und Pfeffer würzen und auf einen Teller geben.

4. Die Schalotten zum Bratensatz in die Pfanne geben und darin ca. ½ Min. unter Rühren anbraten, bis sie hellgelb sind. Wein dazugießen und bei mittlerer bis starker Hitze etwa auf die Hälfte einkochen lassen. Die Crème fraîche und den grünen Pfeffer in die Pfanne geben, unterrühren und die Sauce einkochen lassen, bis sie schön sämig ist.

5. Dann das Fleisch in die Sauce geben und darin zugedeckt bei schwacher Hitze noch ziehen lassen, bis die Nudeln fertig sind.

6. Die Nudeln in ein Sieb abgießen und ca. ½ Min. abtropfen lassen. Auf zwei Teller verteilen und die Rinderfiletstreifen mit der Sauce darauf verteilen.

Nudeln
mit Hähnchen
und Mango

Nudeln mit Hähnchen und Mango

mit exotisch-fruchtigem Touch

Zubereitungszeit: **ca. 30 Min.**
Pro Portion: **ca. 750 kcal**

Für 2 Personen
1 Hähnchenbrustfilet (ca. 250 g)
1 Knoblauchzehe
Cayennepfeffer
1 TL geröstetes Sesamöl
3 Frühlingszwiebeln
1 reife Mango
Salz
200 g Pappardelle
(breite Bandnudeln)
2 EL neutrales Öl
4 EL Sherry medium
(ersatzweise Orangensaft)
1 EL Mangochutney
(aus dem Glas, ersatzweise Honig)

1. Das Hähnchenbrustfilet kalt abwaschen (siehe Info) und mit Küchenpapier trocken tupfen. Das Filet längs halbieren und quer in dünne Streifen schneiden. Den Knoblauch schälen und halbieren, ggf. den grünen Trieb entfernen. Knoblauch fein hacken. ½ TL Cayennepfeffer über das Fleisch streuen und dieses mit dem Knoblauch und dem Sesamöl in einer Schüssel mischen.

2. Von den Frühlingszwiebeln die Wurzeln und einen Teil des dunklen Grüns abschneiden, den Rest waschen und – weiße und grüne Teile getrennt – in feine Ringe schneiden.

Warum und wieso...

... soll man Geflügelfleisch eigentlich kalt abwaschen? Es könnten Keime an der Oberfläche sitzen, die man auf diese Weise zumindest teilweise »wegspült«. Besonders wichtig bei Geflügel: Unbedingt nach dem Schneiden Brett, Messer und Hände sehr gründlich mit Spülmittel und heißem Wasser reinigen.

3. Die Mango schälen, das Fruchtfleisch vom Kern schneiden. Der Kern im Inneren ist abgeplattet, deshalb erst das Fruchtfleisch an den beiden flachen Seiten entlang des Kerns am Stück abschneiden und würfeln, dann den Rest vom Kern lösen und klein schneiden.

4. In einem Topf 2 l Wasser aufkochen lassen, 2 TL Salz und die Nudeln hineingeben, einmal umrühren und die Nudeln in ca. 10 Min. bissfest kochen.

5. Gleichzeitig das Öl in einer großen Pfanne erhitzen. Das marinierte Hähnchenfleisch und die weißen Frühlingszwiebeln hineingeben und 3–4 Min. bei starker Hitze braten, dabei Fleisch und Zwiebeln immer wieder wenden.

6. Nun den Sherry und das Mangochutney unterrühren und alles mit 1 kräftigen Prise Salz würzen. Die Mangowürfel und das Frühlingszwiebelgrün dazugeben und die Hitze reduzieren.

7. Die Nudeln in ein Sieb abgießen und ca. ½ Min. abtropfen lassen, dann in die Pfanne geben und vorsichtig unterheben. Nudeln mit Hähnchen und Mango auf zwei Teller verteilen und servieren.

VARIANTE: NUDELN MIT ENTE UND ORANGENSAUCE

Für 2 Personen: **1 Entenbrustfilet (280 g)** abwaschen und trocken tupfen. Die Haut mit einem scharfen Messer rautenförmig einritzen, Filet mit **Salz** und **Pfeffer** würzen, mit der Hautseite in eine kalte Pfanne legen. Bei mittlerer Hitze ca. 7 Min. braten, bis die Haut goldbraun ist. Wenden und ca. 5 Min. weiterbraten. Herausnehmen und ca. 10 Min. zugedeckt ruhen lassen. Wie beschrieben **200 g Pappardelle** kochen und **2 Frühlingszwiebeln** in Ringe schneiden. Entenbrust quer in Scheiben schneiden. Entenfett aus der Pfanne abgießen, Pfanne wieder erhitzen. **100 ml Orangensaft** und **1 TL abgeriebene Bio-Orangenschale** hineingeben und mit **1 EL Crème fraîche** ca. 3 Min. einkochen lassen. Frühlingszwiebelringe unterrühren, Sauce abschmecken. Nudeln abgießen und mit der Entenbrust untermischen.

Nudeln mit Kalbfleisch und Kichererbsen

orientalisch angehaucht

Zubereitungszeit: **ca. 25 Min.**
Pro Portion: **ca. 675 kcal**

Für 2 Personen
200 g Kalbsschnitzel
1 EL Ras-el-Hanout*
2 Möhren
1 Zwiebel | 1 Knoblauchzehe
1 kleine Dose Kichererbsen
(280 g Abtropfgewicht)
Salz | 200 g Spirelli (Spiralnudeln)
2 EL neutrales Öl
120 ml Gemüsebrühe (Instant)

* Die marokkanische Gewürzmischung aus dem Orientladen oder gut sortierten Supermarkt enthält Kreuzkümmel, Koriander, Fenchel, Zimt und einiges mehr – sehr aromatisch!

1. Die Schnitzel längs halbieren und quer in ca. ½ cm breite Streifen schneiden. Mit ½ EL Ras-el-Hanout mischen.

2. Die Möhren mit dem Sparschäler schälen und dann in dünne Scheiben schneiden. Die Zwiebel schälen und fein hacken. Knoblauch schälen und halbieren, ggf. den grünen Trieb entfernen. Knoblauch ebenfalls fein hacken.

3. Kichererbsen in ein Sieb abgießen, kalt überbrausen und abtropfen lassen.

4. In einem Topf 2 l Wasser aufkochen lassen, 2 TL Salz und die Nudeln hineingeben, einmal umrühren und die Nudeln nach Packungsangabe in ca. 12 Min. bissfest kochen.

5. Gleichzeitig das Öl in einer großen Pfanne erhitzen. Das Fleisch darin bei starker Hitze 2–3 Min. unter Wenden anbraten, bis es rundherum goldbraun ist. Zwiebel, Knoblauch und Möhren dazugeben und ca. 2 Min. mitbraten. Alles mit übrigem Ras-el-Hanout und 1 Prise Salz würzen. Kichererbsen und Gemüsebrühe dazugeben und alles zugedeckt bei mittlerer Hitze schmoren lassen, bis die Nudeln fertig sind.

6. Die Nudeln in ein Sieb abgießen und ca. ½ Min. abtropfen lassen. Nudeln mit in die Pfanne geben und untermischen.

Tortiglioni mit Lamm-Aprikosen-Ragout

fruchtig-scharfer Gaumenhit

Zubereitungszeit: **ca. 20 Min.**
Pro Portion: **ca. 670 kcal**

Für 2 Personen
200 g Lammrückenfilet
1 Knoblauchzehe
Cayennepfeffer
1 TL geröstetes Sesamöl *
80 g Softaprikosen
2 Frühlingszwiebeln
Salz
200 g Tortiglioni
(kurze, dicke Röhrennudeln)
2 EL neutrales Öl
120 ml Gemüsebrühe (Instant)

* Das goldbraune, geröstete Öl ist ein tolles Würz-
mittel. Bereits eine kleine Menge verleiht Gerichten
ein dezentes Sesamaroma. Bitte nicht verwechseln
mit einfachem hellem Sesamöl, das zum Braten
verwendet wird!

1. Das Lammfleisch in ca. 1 cm große Würfel
schneiden. Knoblauch schälen und halbieren, ggf. den grünen Trieb entfernen.
Knoblauch fein hacken. Beides in einer
Schüssel mit ½ TL Cayennepfeffer und
dem Sesamöl mischen.

2. Die Aprikosen vierteln. Von den Frühlingszwiebeln die Wurzeln und einen Teil
des dunklen Grüns abschneiden, den
Rest waschen und – weiße und grüne
Teile getrennt – in feine Ringe schneiden.

3. In einem Topf 2 l Wasser aufkochen
lassen, 2 TL Salz und die Nudeln hineingeben, einmal umrühren und die Nudeln
nach Packungsangabe in ca. 10 Min.
bissfest kochen.

4. Inzwischen das Öl in einer Pfanne
erhitzen. Das Fleisch und die weißen
Frühlingszwiebeln darin bei starker
Hitze 2–3 Min. anbraten, bis das Fleisch
rundherum braun ist. Mit 1 kräftigen Prise
Salz würzen. Aprikosen und Gemüsebrühe dazugeben und alles zugedeckt bei
mittlerer Hitze schmoren lassen, bis die
Nudeln fertig sind.

5. Frühlingszwiebelgrün unter das Lamm-
ragout mischen. Die Nudeln in ein Sieb
abgießen und ca. ½ Min. abtropfen
lassen. Zum Servieren mit dem Lamm-
ragout mischen.

Zitronen-Nudeln

mit Räucher-forelle

Zitronen-Nudeln mit Räucherforelle

schön für ein festliches Essen zu zweit

Zubereitungszeit: **ca. 20 Min.**
Pro Portion: **ca. 460 kcal**

Für 2 Personen
1 Bio-Zitrone (siehe Info)
je 3 Stängel Dill und Zitronenmelisse
125 g Räucherforelle
Salz
Zucker
Pfeffer
4 EL Olivenöl
250 g frische Bandnudeln
(Kühltheke oder selbst gemacht,
Rezept S. 92)
2 EL Forellenkaviar (Glas)

1. Die Zitrone heiß abwaschen und abtrocknen. Die Schale auf der Küchenreibe fein abreiben, dann den Saft auspressen. Den Dill waschen und trocken schütteln, die Spitzen abzupfen. Die Zitronenmelisse waschen und trocken schütteln, die Blätter abzupfen. Kräuter fein schneiden.

2. Die Forellenfilets in mundgerechte, kleine Stücke schneiden. Dabei werden oft kleine Gräten sichtbar. Die darf man zwar mitessen, aber, wo Du sie siehst, kannst Du sie entfernen.

Warum und wieso...

...muss ich eine Bio-Zitrone nehmen? Weil hier auch die Schale zum Einsatz kommt! Bio-Zitronen sind nicht gewachst oder anderweitig behandelt, deshalb darf man ihre Schale bedenkenlos mitessen. Zur Not kannst Du auch eine »normale« Zitrone verwenden, wenn Du sie vor dem Abreiben gründlich unter fließendem heißen Wasser abschrubbst. Ganz so aromatisch ist sie dann allerdings nicht.

3. Eine Schüssel zum Vorwärmen mit heißem Wasser ausspülen und abtrocknen. Zitronensaft und -schale, 1 kräftige Prise Salz, 1 kleine Prise Zucker und reichlich Pfeffer in die Schüssel geben und mit dem Schneebesen verrühren, bis sich die Salz- und Zuckerkristalle aufgelöst haben. Das Olivenöl nach und nach unterschlagen, bis eine cremige Sauce entsteht. Die Kräuter unterrühren.

4. In einem großen Topf 2,5 l Wasser aufkochen lassen, 2 ½ TL Salz und die Bandnudeln hineingeben, mit einem langen Kochlöffel einmal umrühren und die Nudeln nach Packungsangabe in 2–4 Min. bissfest kochen.

5. Dann die Nudeln in ein Sieb abgießen, ca. ½ Min. abtropfen lassen und mit dem Zitronen-Kräuter-Öl mischen. Die Fischfiletstücke vorsichtig untermengen, damit sie nicht zu sehr zerkrümeln.

6. Die Nudeln auf zwei vorgewärmte Teller verteilen und jede Portion mit 1 EL Forellenkaviar garnieren.

DEFTIGE VARIANTE: MAKKARONI MIT RÄUCHERMAKRELE

Für 2 Personen: Von **1 Räuchermakrelenfilet (ca. 120 g)** die Haut abziehen, das Fett von der Unterseite kratzen und das Fischfleisch klein zupfen. **200 g Makkaroni** wie beschrieben in **2 l Salzwasser** nach Packungsangabe in ca. 10 Min. bissfest kochen. **2 Strauchtomaten** quer halbieren und die Kerne herausdrücken. Das Fruchtfleisch ohne den Stielansatz fein würfeln. Von **2 Frühlingszwiebeln** die Wurzeln und einen Teil des Grüns abschneiden, den Rest waschen und in feine Ringe schneiden. **2 EL neutrales Öl** in einer Pfanne erhitzen. Tomatenwürfel und Frühlingszwiebeln darin bei schwacher Hitze ca. 1 Min. andünsten, mit **Salz** und **Pfeffer** würzen. Das Makrelenfleisch dazugeben und nur erwärmen, nicht braten. Die Nudeln in ein Sieb abgießen, in die Pfanne geben und vorsichtig untermischen.

Linguine mit Seeteufel

ein Fest für Fischliebhaber

Zubereitungszeit: **ca. 30 Min.**
Pro Portion: **ca. 805 kcal**

Für 2 Personen
1 kleine Fenchelknolle mit Grün
1 Schalotte
200 g Seeteufelfilet
100 g Sahne | Salz
200 g Linguine
2 EL neutrales Öl
1 EL Butter
1 TL Fenchelsamen
Pfeffer
4 EL Anisschnaps (z. B. Pernod)
100 ml trockener Weißwein

1. Den Fenchel waschen, zartes Grün abschneiden und beiseitelegen. Die Knolle längs halbieren und den Stunk keilförmig herausschneiden.

So schmeckt's auch
Seeteufel ist als Knorpelfisch völlig grätenfrei, damit kriegt man oft auch Fisch-Skeptiker rum. Als Alternative schmeckt frisches Lachsfilet – das hat zwar im Gegensatz zu Seeteufel Gräten, aber nur wenige große.

2. Die Fenchelhälften in feine Streifen schneiden. Die Schalotte schälen und fein hacken. Das Fischfilet kalt abwaschen, mit Küchenpapier trocken tupfen und in ca. 2 cm große Würfel schneiden. Die Sahne steif schlagen.

3. In einem Topf 2 l Wasser aufkochen lassen, 2 TL Salz und die Linguine hineingeben, einmal umrühren und die Nudeln nach Packungsangabe in ca. 10 Min. bissfest kochen.

4. Das Öl in einer Pfanne erhitzen, Fenchel und Schalotte darin ca. 3 Min. bei mittlerer Hitze anbraten. 2 EL Wasser dazugeben und alles in ca. 5 Min. zugedeckt weich dünsten und leicht salzen.

5. In einer anderen Pfanne die Butter bei mittlerer Hitze schmelzen lassen. Fisch und Fenchelsamen darin ca. 3 Min. braten, leicht salzen, pfeffern und herausnehmen. Anisschnaps und Wein in die Pfanne geben und ca. 3 Min. bei starker Hitze einkochen lassen. Schlagsahne einrühren, Sauce salzen und pfeffern.

6. Die Nudeln abgießen und mit Fisch, Fenchelmischung und der Sauce mischen. Fenchelgrün hacken und drüberstreuen.

Safran-
Nudeln
mit Riesen-
garnelen

Safran-Nudeln mit Riesengarnelen

Luxus pur!

Zubereitungszeit: **ca. 40 Min.**
Pro Portion: **ca. 720 kcal**

Für 2 Personen
300 g rohe, ungeschälte
Riesengarnelen (ohne Kopf)
2 Schalotten
1 Knoblauchzehe
3 EL Olivenöl
1 TL Tomatenmark
200 ml trockener Weißwein
1 Döschen Safranfäden (0,1 g)
2 EL gehäutete, gemahlene Mandeln
2 Stängel Petersilie
Salz
250 g frische Bandnudeln
(Kühltheke oder selbst gemacht,
Rezept S. 92)
100 g Sahne
Pfeffer

1. Die Riesengarnelen schälen: Dazu den Panzer in der Mitte mit einer gegenläufigen Bewegung knacken, die Schalen ablösen. Die Garnelen längs halbieren und den schwarzen Darmfaden entfernen.

2. Die Schalotten schälen und grob hacken. Den Knoblauch schälen und halbieren, ggf. den grünen Trieb entfernen. Knoblauch ebenfalls hacken.

3. In einem Topf 1 EL Öl erhitzen. Garnelenschalen darin ca. 2 Min. bei starker Hitze unter Rühren anbraten. Schalotten, Knoblauch und Tomatenmark dazugeben und ca. 1 Min. mitbraten. Weißwein dazugießen und in ca. 10 Min. auf etwa die Hälfte einkochen lassen. Dann alles in ein Sieb abgießen, den Garnelenfond auffangen, die Schalen wegwerfen. Safran unter den heißen Fond rühren.

4. Die Mandeln in einer Pfanne ohne Fett bei schwacher Hitze rösten, bis sie ein wenig Farbe annehmen und zu duften beginnen. Dann auf einen Teller geben. Die Petersilie waschen und trocken schütteln, die Blätter abzupfen und hacken.

5. Übriges Olivenöl (2 EL) in einer großen Pfanne erhitzen und die Garnelen darin bei mittlerer Hitze ca. 1 Min. braten. Zum Wenden der Garnelen entweder die Pfanne mit Schwung nach vorne schwenken oder Garnelen einzeln mit einer Gabel umdrehen. Garnelen noch ca. 1 Min. weiterbraten, leicht salzen, herausnehmen und zugedeckt warm halten.

6. Inzwischen in einem Topf 2,5 l Wasser aufkochen lassen, 2 ½ TL Salz und die Nudeln hineingeben, einmal umrühren und die Nudeln nach Packungsangabe in 2–4 Min. bissfest kochen. Nudeln in ein Sieb abgießen und ca. ½ Min. abtropfen lassen.

7. Den Garnelenfond und die Sahne zum Bratensatz in die Pfanne geben und ca. 2 Min. bei starker Hitze einkochen lassen. Sahnesauce mit Salz und Pfeffer abschmecken und die Garnelen wieder in die Pfanne geben. Die abgetropften Nudeln, die gerösteten Mandeln und die Petersilie dazugeben und untermischen. Die Safran-Nudeln mit den Riesengarnelen auf zwei Tellern anrichten.

VARIANTE: KOKOS-NUDELN MIT LACHS

Für 2 Personen: **200 g frisches Lachsfilet** in ca. 1 cm große Würfel schneiden und mit **2 EL Zitronensaft** beträufeln. **3–4 Stängel Koriandergrün** waschen und trocken schütteln, die Blätter abzupfen und grob hacken. **2 EL Kokosraspel** in einer Pfanne hell rösten, dann herausnehmen. **150 ml Fischfond** (Glas) mit **200 g cremiger Kokosmilch** und **½ EL gelber Currypaste** (aus dem Asienladen) in die Pfanne geben und ca. 3 Min. unter Rühren bei starker Hitze einkochen lassen. Mit **Salz** und **1 Prise Zucker** abschmecken. Die Lachswürfel in die Sauce geben und zugedeckt bei schwacher Hitze in ca. 2 Min. gar ziehen lassen. Inzwischen wie beschrieben **250 g frische Bandnudeln** bissfest kochen, abgießen und abtropfen lassen. Mit den Kokosraspeln und dem Koriandergrün zur Sauce geben und alles vorsichtig vermengen.

Spaghetti mit Venusmuscheln

schmeckt nach Urlaub am Meer

Zubereitungszeit: **ca. 25 Min.**
Pro Portion: **ca. 570 kcal**

Für 2 Personen
500 g küchenfertige
frische Venusmuscheln
2 Schalotten
1 Knoblauchzehe
2 vollreife Strauchtomaten
Salz
200 g Spaghetti
2 EL Olivenöl
100 ml trockener Weißwein
½ TL getrockneter Oregano
Pfeffer
1 EL Butter

1. Die Muscheln im Waschbecken gut in reichlich kaltem Wasser waschen. Zum Abtropfen in ein Sieb geben. Offene Muscheln aussortieren und wegwerfen.

2. Die Schalotten schälen und fein hacken. Knoblauch schälen und halbieren, ggf. den grünen Trieb entfernen. Knoblauch ebenfalls fein hacken. Die Tomaten an der Unterseite kreuzförmig einritzen und ca. 1 Min. in kochendes Wasser legen. Herausheben und kalt abschrecken.

3. Tomaten häuten, quer halbieren, die Kerne herausdrücken. Das Fruchtfleisch ohne den Stielansatz fein würfeln.

4. In einem Topf 2 l Wasser aufkochen lassen, 2 TL Salz und die Spaghetti hineingeben, einmal umrühren und die Nudeln nach Packungsangabe in ca. 8 Min. bissfest kochen.

5. Gleichzeitig in einem Topf das Olivenöl erhitzen. Schalotten und Knoblauch darin bei mittlerer Hitze in 1–2 Min. unter Rühren glasig andünsten. Muscheln, Wein, Tomatenwürfelchen und Oregano dazugeben und alles 5–6 Min. zugedeckt schmoren lassen, dabei den geschlossenen Topf einmal kräftig rütteln, damit sich die Muscheln besser öffnen können. Alles mit Salz und Pfeffer würzen. Muscheln, die sich nicht geöffnet haben, aussortieren und wegwerfen.

6. Die Nudeln in ein Sieb abgießen und ca. ½ Min. abtropfen lassen. Dann zu den offenen Muscheln in den Topf geben. Die Butter dazugeben und alles gut durchmischen. Die Spaghetti in tiefe Teller verteilen, dabei einen Teil der leeren Muschelschalen aussortieren.

Stell' einen
Teller oder
ein Glas für
die Muschel-
schalen mit
auf den Tisch.

Glasnudelsuppe

Zubereitungszeit: ca. 20 Min.
Pro Portion: **ca. 225 kcal**

Für 2 Personen
50 g Glasnudeln
120 g Putenschnitzel
100 g Austernpilze
1 Stück frischer Ingwer (ca. 2 cm)
1 Knoblauchzehe
3–4 Stängel Koriandergrün
400 ml Geflügelbrühe (Instant)
2–3 EL helle Sojasauce
1 EL Limettensaft
Zucker

1. Die Glasnudeln in einer Schüssel mit kochendem Wasser überbrühen und 3–4 Min. ziehen lassen. In ein Sieb abgießen und abtropfen lassen. Sobald man sie anfassen kann, die Glasnudeln mit einer Küchenschere kleiner schneiden und in zwei Suppenschalen verteilen.

2. Das Putenschnitzel kalt abwaschen, abtrocknen, längs halbieren und quer in dünne Streifen schneiden. Austernpilze trocken abreiben. Stiele in Scheiben, die Kappen in Streifen schneiden.

3. Ingwer schälen und fein hacken. Knoblauch schälen und halbieren, ggf. den grünen Trieb entfernen. Knoblauch ebenfalls hacken. Koriandergrün waschen und trocken schütteln, Blättchen abzupfen.

4. Die Geflügelbrühe mit 2 EL Sojasauce, Ingwer und Knoblauch in einem Topf aufkochen lassen. Putenstreifen und Austernpilze hinzufügen und 3–4 Min. bei mittlerer Hitze mitköcheln lassen.

5. Die Suppe mit dem Limettensaft, 1 Prise Zucker und noch etwas Sojasauce abschmecken. Suppe über die Glasnudeln in die Schalen geben und mit Korianderblättchen bestreut servieren.

So schmeckt's auch

Statt mit Putenfleisch kannst Du die Glasnudelsuppe auch mit Hähnchenbrustfilet oder mit 120 g in 1 cm große Würfel geschnittenem Tofu zubereiten (letzteren musst Du nur ca. 2 Min. in der Suppe erwärmen).

Bami Goreng

Bami Goreng

Nudelimport aus Indonesien

Zubereitungszeit: **ca. 40 Min.**
Pro Portion: **ca. 730 kcal**

Für 2 Personen
200 g Eier-Mie-Nudeln
1 Möhre (ca. 100 g)
1 Stück Chinakohl (100 g)
1 Frühlingszwiebel
50 g frische Mungobohnensprossen
1 Knoblauchzehe
1 Stück frischer Ingwer (ca. 2 cm)
250 g Hähnchenbrustfilet
3 EL neutrales Öl
2 TL Sambal oelek
4 EL süße Sojasauce
(Kecap manis; Asienladen;)
ersatzweise 3 EL helle Sojasauce
+ 1 TL Zucker)
2 EL Zitronensaft

1. Die Nudeln in kochendes Wasser geben, den Topf vom Herd ziehen und die Nudeln nach Packungsangabe ca. 4 Min. ziehen lassen. Dann in ein Sieb abgießen, abtropfen und abkühlen lassen.

2. Inzwischen die Möhre schälen und in streichholzgroße Stifte schneiden: Dazu die Möhren längs in ca. 2 mm dicke Scheiben schneiden, je zwei oder drei Scheiben aufeinanderlegen und schräg in Stifte schneiden. Den Chinakohl putzen und in feine Streifen schneiden. Von der Frühlingszwiebel die Wurzeln und einen Teil des Grüns abschneiden, den Rest waschen und in feine Ringe schneiden. Die Mungobohnensprossen in einem Sieb kalt abbrausen und abtropfen lassen.

Wirbeln im Wok

Beim perfekten Pfannenrühren bleibt das Gemüse schön knackig und das Fleisch saftig. Erhitze als erstes den Wok, gib dann wenig Öl unten in die Mulde, wo der Wok am heißesten ist. Hier wird jetzt jede Zutat für sich unter ständigem Rühren kurz gebraten, dann an den kühleren Wokrand geschoben.

3. Knoblauch schälen und halbieren, ggf. den grünen Trieb entfernen. Knoblauch fein hacken. Ingwer schälen und ebenfalls fein hacken. Das Hähnchenfleisch kalt abwaschen und mit Küchenpapier abtrocknen. Das Filet längs halbieren und quer in dünne Streifen schneiden.

4. Einen Wok (oder eine Pfanne mit hohem Rand) erhitzen und 1 EL Öl hineingeben. Die Möhrenstifte und den Chinakohl hineingeben und ca. 2 Min. bei starker Hitze pfannenrühren, also unter ständigem Rühren mit einem Pfannenwender braten (siehe Info). An den Rand schieben (oder aus der Pfanne auf einen Teller geben). Knoblauch, Ingwer, Frühlingszwiebeln und Mungobohnenprossen in den Wok geben und ca. 1 Min. unter Rühren braten, ebenfalls an den Rand schieben (bzw. aus der Pfanne nehmen).

5. Wieder 1 EL Öl im Wok erhitzen, das Hähnchenfleisch darin ca. 3 Min. unter Rühren braten, bis es rundherum goldbraun ist, und an den Rand schieben (bzw. aus der Pfanne nehmen).

6. Übriges Öl (1 EL) in den Wok geben. Die Nudeln darin unter Rühren ca. 2 Min. braten. Das Gemüse und das Fleisch unterrühren und alles mit Sambal oelek, Sojasauce und Zitronensaft würzen.

VARIANTE: MIE-NUDELN MIT THAI-SPARGEL

Für 2 Personen: **200 g Eier-Mie-Nudeln** wie beschrieben vorbereiten. **200 g Schweineschnitzel** in dünne Streifen schneiden. Mit **1 TL Zucker** und **1 EL heller Sojasauce** mischen. **100 g Thai-Spargel** waschen, die Enden abschneiden und die Stangen dritteln. **2 Frühlingszwiebeln** wie beschrieben in Ringe schneiden. **2 Knoblauchzehen** schälen und fein hacken. **1 EL Öl** im Wok erhitzen, Knoblauch und weiße Frühlingszwiebeln darin ca. 1 Min. anbraten. Das Fleisch ca. 3 Min. mitbraten, bis es rundherum braun ist. Dann an den Rand schieben. Spargel in **1 EL Öl** ca. 2 Min. unter Rühren braten, an den Rand schieben. Dann die Nudeln in **1 EL ÖL** ca. 2 Min. unter Rühren braten. Fleisch, Spargel und Frühlingszwiebelgrün untermischen und alles mit **2 EL heller Sojasauce** würzen.

VEGE-TARISCH

Minestrone

Zubereitungszeit: ca. 45 Min.
Pro Portion (bei 3): **ca. 240 kcal**

Für 2–3 Personen
1–2 Stangen Staudensellerie
1 Zucchino
1–2 Möhren
1 kleine Zwiebel
2 EL Olivenöl
1 TL Tomatenmark
600 ml Gemüsebrühe (Instant)
1 Knoblauchzehe
Salz
75 g kleine Hörnchen-
oder Muschelnudeln
30 g Parmesan (am Stück;
siehe Info S. 78)
Pfeffer

1. Die Selleriestangen und den Zucchino waschen und putzen, die Möhren mit dem Sparschäler schälen. Sellerie und Möhren in Scheiben schneiden. Den Zucchino längs halbieren und quer in Halbmonde schneiden. Die Zwiebel schälen und grob würfeln.

2. Das Öl in einem Topf erhitzen und die Zwiebelwürfel mit dem Tomatenmark darin ca. 1 Min. unter Rühren anbraten.

3. Den Sellerie und die Möhren hinzufügen und ca. 2 Min. mitbraten. Die Brühe dazugießen, aufkochen und alles bei mittlerer Hitze ca. 10 Min. mit halb aufgelegtem Deckel köcheln lassen.

4. Den Knoblauch schälen, ggf. den grünen Trieb entfernen. Knoblauch fein hacken und mit den Zucchiniwürfeln zur Suppe geben. Alles ca. 10 Min. mit halb aufgelegtem Deckel weiterköcheln lassen.

5. Inzwischen in einem zweiten Topf 1 l Wasser aufkochen lassen, 1 TL Salz und die Nudeln hineingeben. Einmal umrühren und die Nudeln nach Packungsangabe in ca. 6 Min. bissfest kochen. In ein Sieb abgießen, kurz abtropfen lassen und in Gläser oder Suppenschalen verteilen.

6. Den Parmesan auf der Küchenreibe fein reiben. Die Minestrone mit Salz und Pfeffer abschmecken und über die Nudeln schöpfen. Mit dem Parmesan bestreuen und die Suppe sofort servieren.

Zwiebel-Tomaten-Pasta

tolles Aroma durch Karamellzwiebeln

Zubereitungszeit: ca. 20 Min.
Pro Portion: ca. 710 kcal

Für 2 Personen
1 große, rote Zwiebel
1 Knoblauchzehe
6 getrocknete, in Öl eingelegte Tomaten
(+ 4 EL Tomatenöl) ✳
150 g Kirschtomaten
Salz
200 g Penne rigate
½ TL Zucker
2 EL Pinienkerne
2 Stängel Basilikum
Pfeffer

✳ Das Öl, in das die getrockneten Tomaten eingelegt sind, hat ein wunderbares Aroma. Verwende es mit! Ersatzweise nimm Olivenöl.

1. Die Zwiebel schälen, halbieren und in feine Spalten schneiden. Knoblauch schälen und halbieren, ggf. den grünen Trieb entfernen. Knoblauch fein hacken. Die getrockneten Tomaten abtropfen lassen, dabei 4 EL Öl auffangen. Die getrockneten Tomaten fein würfeln. Die Kirschtomaten waschen und halbieren.

2. In einem Topf 2 l Wasser aufkochen lassen, 2 TL Salz und die Penne hineingeben, einmal umrühren und die Nudeln nach Packungsangabe in ca. 11 Min. bissfest kochen.

3. Inzwischen das Tomatenöl in einer großen Pfanne bei mittlerer Hitze erhitzen. Zwiebeln und Knoblauch hineingeben, Zucker und 1 Prise Salz darüberstreuen und alles ca. 3 Min. anbraten.

4. Nach dieser Zeit Pinienkerne, getrocknete Tomaten und Kirschtomaten dazugeben und ca. 5 Min. mitbraten, dabei die Pfanne einige Male rütteln, damit nichts am Pfannenboden ansetzt.

5. Basilikum waschen und trocken schütteln, die Blätter zerzupfen. Die Nudeln in ein Sieb abgießen und ca. ½ Min. abtropfen lassen. Den Pfanneninhalt salzen und pfeffern, die Nudeln dazugeben und alles vorsichtig durchmischen. In zwei tiefe Teller oder Schalen verteilen. Basilikumblättchen darüberstreuen.

Gemüsenudeln mit Gorgonzola

Zubereitungszeit: ca. 25 Min.
Pro Portion: **ca. 405 kcal**

Für 2 Personen
1 kleiner Zucchino
1 Möhre
6 Salbeiblätter
1 EL Butter
Salz
250 g frische Bandnudeln
(Kühltheke oder selbst gemacht,
Rezept S. 92)
125 ml Milch
80 g Sahnegorgonzola
Pfeffer
frisch geriebene Muskatnuss

So schmeckt's auch

Wenn Dir die Fummelei mit den Gemüsestreifen zu kompliziert ist – die
Nudeln schmecken auch ohne zur
Gorgo-Sauce. Statt Salbei kannst Du
auch 1 EL gehackte Petersilie und
6 gehackte Walnusshälften in der
Butter anbraten und zum Schluss
über die Nudeln geben.

1. Den Zucchino waschen, putzen und in bandnudelförmige Streifen schneiden. Dazu den Zucchino ein- bis zweimal bis zur Mitte längs einschneiden und dann mit dem Sparschäler dünne, lange Streifen abhobeln. Anschließend den Zucchino wenden, wieder längs einschneiden und weitere Streifen abhobeln. Möhre mit dem Sparschäler schälen und ebensolche Gemüsestreifen daraus machen.

2. Salbei waschen, trocken tupfen und in feine Streifen schneiden. Die Butter in einem Pfännchen bei mittlerer Hitze schmelzen lassen und die Salbeistreifen darin ca. 1 Min. braten. Beiseitestellen.

3. In einem Topf 2,5 l Wasser aufkochen lassen, 2 ½ TL Salz, Nudeln und Gemüsestreifen hineingeben, einmal umrühren und in 2–4 Min. bissfest kochen, dabei Packungsangabe der Nudeln beachten.

4. Inzwischen Milch und Gorgonzola in einem Topf erwärmen und rühren, bis der Käse geschmolzen ist. Sauce mit Salz, Pfeffer und Muskat abschmecken.

5. Die Nudel-Gemüse-Mischung in ein Sieb abgießen und ca. ½ Min. abtropfen lassen. Auf zwei Teller verteilen. Sauce und Salbei daraufgeben.

Grüne Nudeln mit Ingwer-Limetten-Pesto

Crossover-Aromenmix

Zubereitungszeit: **ca. 35 Min.**
Pro Portion: **ca. 920 kcal**

Für 2 Personen
100 g Zuckerschoten
1 Stück frischer Ingwer (ca. 4 cm)
1 Knoblauchzehe
2 Zweige Rosmarin
50 g Parmesan (am Stück) ✳
50 g Walnusskerne
2 EL Limettensaft
6 EL Olivenöl
Salz | Pfeffer
200 g grüne Tagliatelle

✳ Original italienischer Parmigiano Reggiano wird aus Kuhmilch mit tierischem Lab zubereitet. Wer das nicht mag, findet im Bioladen auch parmesanähnlichen Hartkäse (Montello), der mit mikrobiellem Lab hergestellt wird.

1. Die Zuckerschoten in ein Sieb geben und waschen, dann kurz abtropfen lassen. Mit einem kleinen Messer von den Schoten die Spitzen abschneiden und dabei entlang der Kanten eventuell vorhandene Fäden abziehen. Dann die Schoten schräg halbieren.

2. Ingwer schälen und klein schneiden. Knoblauch schälen und halbieren, ggf. den grünen Trieb entfernen. Knoblauch ebenfalls klein schneiden. Rosmarin waschen und trocken schütteln, die Nadeln abzupfen und grob hacken. Den Parmesan auf der Küchenreibe fein reiben. Die Hälfte der Walnüsse mit Ingwer, Knoblauch, Rosmarin, Limettensaft und Olivenöl in einem hohen Gefäß mit dem Pürierstab pürieren. Die Hälfte des Parmesans unterrühren, salzen und pfeffern.

3. In einem Topf 2 l Wasser aufkochen lassen, 2 TL Salz, die Nudeln und die Zuckerschoten hineingeben, einmal umrühren und Nudeln und Zuckerschoten in ca. 5 Min. bissfest garen, dabei die Packungsangabe der Nudeln beachten.

4. Übrige Walnüsse hacken. Eine Schüssel zum Vorwärmen mit heißem Wasser ausspülen. Pesto und 2–3 EL Nudelkochwasser darin verrühren. Nudeln samt Zuckerschoten in ein Sieb abgießen, sofort in die Schüssel geben und sorgfältig mit dem Pesto mischen. In zwei tiefe Teller verteilen, gehackte Walnüsse und übrigen Parmesan darüberstreuen.

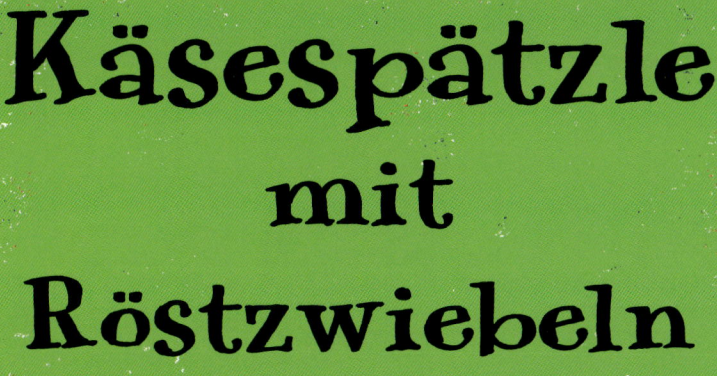

Käsespätzle
mit
Röstzwiebeln

Käsespätzle mit Röstzwiebeln

schmecken nicht nur auf Skihütten

Zubereitungszeit: **ca. 30 Min.**
Backzeit: **ca. 15 Min.**
Pro Portion: **ca. 915 kcal**

Für 2 Personen
250 g Mehl + 1 TL Mehl
3 Eier (Größe M)
Salz
frisch geriebene Muskatnuss
100–110 ml Mineralwasser
120 g Bergkäse (z. B. Allgäuer Almkäse,
Gryère, Comté)
1 TL Butter
1 Zwiebel
2 EL Butterschmalz
Außerdem:
Spätzlehobel*
große, flache, ofenfeste Form
oder 2 Portionsformen

*Dieses besondere Küchengerät bekommst Du in Haushaltswarengeschäften, Kaufhäusern und Küchenläden.

1. 250 g Mehl in eine Rührschüssel geben. Eier, ½ TL Salz und 1 kräftige Prise Muskat hinzufügen und alles gut verrühren. 100 ml Mineralwasser hinzufügen und unterrühren, sodass ein zähflüssiger Teig entsteht. Falls nötig, noch etwas Mineralwasser unterrühren. Den Teig 3–4 Min. kräftig mit einem Holzkochlöffel schlagen, bis er Blasen wirft. Dazu den Holzlöffel immer wieder mit Schwung und Druck aus dem Handgelenk unter den Teig führen und diesen vom Schüsselboden lösen. Zeigen sich nach 3–4 Min. Luftblasen wie beim Kaugummi, hast Du alles richtig gemacht.

2. Eine Schüssel mit kaltem Wasser bereitstellen. In einem Topf 3 l Wasser aufkochen lassen und 3 TL Salz hineingeben. Den Spätzlehobel quer über den Topf legen, ein Drittel des Teigs einfüllen und das Schiffchen zügig hin- und herschieben, um den Teig ins Wasser zu schaben. Je nachdem wie schnell oder langsam Du hobelst, werden die Spätzle längere Würstchen oder runde Knöpfchen. Für Käsespätzle sind ca. 2 cm lange Spätzle perfekt.

3. Sobald die Spätzle oben schwimmen (das geht ganz schnell!), diese mit einem Schaumlöffel herausholen und ins kalte Wasser geben, damit sie nicht zusammenkleben. Dann die nächste Portion ins Wasser hobeln. Wenn alle Nudeln fertig und im kalten Wasser sind, die Spätzle in ein Sieb abgießen und abtropfen lassen.

4. Den Backofen auf 175° vorheizen. Den Käse reiben. Form oder Förmchen mit der Butter ausstreichen. Die Hälfte der Spätzle darin verteilen, die Hälfte des geriebenen Käses darüberstreuen. Die übrigen Spätzle und den übrigen Käse darübergeben. Die Spätzle im heißen Ofen (mittlere Einschubleiste) ca. 15 Min. backen, bis der Käse geschmolzen ist und die Spätzle wieder warm sind.

5. Inzwischen die Zwiebel schälen und quer in Scheiben schneiden. Die Ringe auseinanderlösen und mit 1 TL Mehl bestäuben. Das Butterschmalz in einer großen Pfanne bei mittlerer Hitze schmelzen lassen und die Zwiebelringe darin in 5–6 Min. goldbraun und knusprig braten. Leicht salzen und zum Servieren auf den Käsespätzle verteilen.

VARIANTE: KRÄUTERSPÄTZLEPFANNE

Für 2 Personen: Die Spätzle wie beschrieben herstellen, dabei mit **Salz** und **Muskat** auch **2 EL fein gehackte Kräuter (Kerbel, Schnittlauch, Petersilie)** unter den Teig mischen. **200 g grünen Spargel** im unteren Drittel schälen und die Stangen schräg in 1 cm breite Scheiben schneiden. **1 Möhre** schälen und in dünne Scheiben schneiden. **1 kleinen Kohlrabi** schälen, erst in dünne Scheiben, dann in kleine Stifte schneiden. **1 EL Butterschmalz** in einer großen Pfanne bei mittlerer Hitze schmelzen lassen, das Gemüse darin ca. 2 Min. unter Rühren anbraten. 3 EL Wasser dazugeben und alles zugedeckt 5 Min. dünsten. Gemüse mit Salz, **Pfeffer** und Muskat würzen. Die abgetropften Spätzle untermischen und alles mit **1 EL gehackten Kräutern** bestreut servieren. Dazu passt wie auch zu den Käsespätzle ein frischer grüner Salat.

Nudeln mit scharfer Paprikacreme

mit Erdnuss-Topping

Zubereitungszeit: ca. 25 Min.
Pro Portion: ca. 575 kcal

Für 2 Personen
1 große rote Paprikaschote
1 kleine Zwiebel
1 Knoblauchzehe
1 EL neutrales Öl
1 TL rosenscharfes Paprikapulver
Salz | Pfeffer
200 g Bucatini
(lange, dünne Röhrennudeln)
2 EL geröstete Erdnüsse
120 g Frischkäse
1–2 TL Zitronensaft
Zucker

1. Die Paprikaschote längs aufschneiden und von Stielansatz, weißen Trennwänden und Samen befreien. Die Hälften waschen und klein schneiden. Zwiebel schälen und fein hacken. Knoblauch schälen und halbieren, ggf. den grünen Trieb entfernen. Knoblauch fein hacken.

2. Das Öl in einer Pfanne erhitzen. Zwiebel, Knoblauch und Paprikastücke darin 3 Min. bei mittlerer Hitze braten. Mit Paprika, Salz und Pfeffer würzen. Beiseitestellen.

3. In einem Topf 2 l Wasser aufkochen lassen, 2 TL Salz und die Bucatini hineingeben, einmal umrühren und die Nudeln nach Packungsangabe in ca. 10 Min. bissfest kochen. Die Erdnüsse im Mörser grob zerstoßen (siehe Info).

4. Während die Nudeln kochen, die Paprikamischung mit dem Frischkäse im Mixer oder in einem hohen Gefäß mit dem Pürierstab fein pürieren. Mit Salz, Zitronensaft und 1 Prise Zucker abschmecken.

5. Nudeln in ein Sieb abgießen, ca. ½ Min. abtropfen lassen und auf zwei Teller verteilen. Dann die Paprikacreme und die Erdnüsse darübergeben.

Was mach' ich ...

... ohne Mörser? Dann gibst Du die Erdnüsse am besten in einen Gefrierbeutel und schlägst ein paar Mal kräftig mit der Unterseite eines Stieltopfes drauf. Oder hack' sie mit einem großen schweren Messer.

Auberginen-Tomaten-Pasta

wie in Süditalien mit knusprigen Brotbröseln

Zubereitungszeit: ca. 25 Min.
Pro Portion: ca. 760 kcal

Für 2 Personen
1 Aubergine | Salz
50 g altbackenes Weißbrot
6 EL Olivenöl
1 Zwiebel
1 Knoblauchzehe
1 Fleischtomate (250 g)
200 g Spaghetti
½ TL Zimtpulver
Pfeffer

1. Die Aubergine waschen. Den Stielansatz wegschneiden. Die Aubergine in ca. 1 cm große Würfel schneiden. In ein Sieb geben, mit 1 TL Salz bestreuen und ca. 10 Min. Wasser ziehen lassen (siehe Info S. 116).

2. Das Brot fein zerbröseln. 2 EL Olivenöl in einer Pfanne erhitzen. Die Brotbrösel darin bei mittlerer Hitze unter Rühren hellbraun rösten und beiseitestellen.

3. Die Zwiebel schälen und fein hacken. Knoblauch schälen und halbieren, ggf. den grünen Trieb entfernen. Knoblauch fein hacken. Tomate ohne den Stielansatz ca. ½ cm groß würfeln.

4. In einem Topf 2 l Wasser aufkochen lassen, 2 TL Salz und die Spaghetti hineingeben, einmal umrühren und die Nudeln nach Packungsangabe in ca. 8 Min. bissfest kochen.

5. Die Auberginen kalt überbrausen, gut ausdrücken und mit Küchenpapier trocken tupfen. In einer großen Pfanne 3 EL Öl erhitzen und die Auberginenwürfel darin bei starker Hitze unter Rühren 3–4 Min. braun braten. Auberginen auf einen Teller geben.

6. Übriges Öl (1 EL) in die Pfanne geben, Zwiebel und Knoblauch darin in 1–2 Min. unter Rühren glasig andünsten. Tomaten dazugeben und ca. 3 Min. schmoren lassen. Die Auberginenwürfel untermischen und mit Zimt, Salz und Pfeffer würzen.

7. Die Nudeln in ein Sieb abgießen und ca. ½ Min. abtropfen lassen. Die Nudeln in tiefe Teller verteilen. Die Auberginensauce und die Brotbrösel darüber verteilen.

Gebratene Reisnudeln mit Tofu

Gebratene Reisnudeln mit Tofu

frisch gewokkt wie beim Thailänder

Zubereitungszeit: **ca. 20 Min.**
Einweichzeit: **ca. 1 Std.**
Pro Portion: **ca. 620 kcal**

Für 2 Personen
120 g breite Reisnudeln (siehe Info)
3 EL helle Sojasauce (siehe Info)
1 TL Zucker
1 EL Reisessig (siehe Info)
2 EL Limettensaft
½ TL geröstetes Chilipulver
(+ Chilipulver zum Nachwürzen; siehe Info)
100 g Tofu
3 Frühlingszwiebeln
2 Knoblauchzehen
50 g frische Mungobohnensprossen
4 EL neutrales Öl
2 Eier (Größe M)
1–2 EL geröstete Erdnüsse
½ Limette zum Servieren

1. Die Nudeln in eine Schüssel geben, vollständig mit kaltem Wasser bedecken und ca. 1 Std. einweichen.

2. Für die Würzsauce die Sojasauce in einem Schälchen mit Zucker, Essig, Limettensaft und Chilipulver verrühren.

3. Den Tofu ca. 1 cm groß würfeln. Von den Frühlingszwiebeln die Wurzeln und einen Teil des dunklen Grüns abschneiden, den Rest waschen und in feine Ringe schneiden. Den Knoblauch schälen und halbieren, ggf. den grünen Trieb entfernen. Knoblauch fein hacken. Die Mungobohnensprossen in ein Sieb geben, kalt überbrausen und abtropfen lassen.

4. Den Wok (oder eine Pfanne mit hohem Rand) erhitzen und 2 EL Öl hineingeben. Den Knoblauch darin goldgelb braten.

Die Zutaten ...

...findest Du auf jeden Fall im Asienladen, Reisnudeln, helle Sojasauce und Reisessig auch im Asienregal des Supermarktes. Zur Not kannst Du den Essig durch milden Weißweinessig ersetzen. Geröstetes Chilipulver gibt dem Gericht eine milde Schärfe. Wenn Du keines bekommst, brate mit dem Tofu ganz einfach ¼ fein gewürfelte rote Chilischote an.

Er darf allerdings nicht zu dunkel werden, weil er sonst bitter schmeckt. Die Nudeln in ein Sieb abgießen und sofort tropf-nass zum Knoblauch geben. Das zischt und spritzt, also Vorsicht! Die Nudeln ca. 1 Min. unter Rühren anbraten. Dann die Würzsauce dazugeben und alles unter ständigem Rühren weitergaren, bis die Nudeln weich sind und die Sauce vollständig aufgesogen haben. Die Nu-deln an den Wokrand schieben (oder aus der Pfanne nehmen).

5. Wieder 1 Öl in den Wok geben. Den Tofu darin ca. 2 Min. unter Rühren rundherum goldbraun braten und an den Rand schie-ben (oder herausnehmen).

6. Übriges Öl (1 EL) in den Wok geben, die Eier hineinschlagen und unter Rühren anbraten, bis sie gerade ein wenig stocken. Dann die Nudeln und den Tofu untermischen. Mungobohnensprossen und Frühlingszwiebeln unterrühren und noch ca. ½ Min. miterwärmen. Die ge-bratenen Nudeln auf zwei Teller verteilen. Erdnüsse grob hacken und darüberstreu-en. Die übrige Limettenhälfte in Spalten schneiden und zum Beträufeln dazu-legen. Wer's schärfer mag, streut noch geröstetes Chilipulver darüber.

VARIANTE: REISNUDELN MIT BROKKOLI UND AUSTERNPILZEN

Für 2 Personen: **200 g breite Reisnudeln** wie beschrieben ca. 1 Std. in kaltem Wasser einweichen. **250 g Brokkoliröschen** waschen und längs in dünne Scheiben schneiden. **200 g Austernpilze** trocken abreiben. Die Stiele in Scheiben, die Kappen in mund-gerechte Stücke schneiden. **2 Knoblauch-zehen** schälen und hacken. Aus **3 EL heller Sojasauce, 1 TL Zucker, 1 EL Reisessig, 2 EL Limettensaft** und **½ TL geröstetem Chilipulver** eine Würzsauce rühren. Den Wok erhitzen und **2 EL Öl** hineingeben. Knob-lauch darin anbraten, Nudeln und Würz-sauce dazugeben. Die Nudeln unter Rühren weiterbraten, bis sie weich sind. An den Rand schieben. **2 EL Öl** in den Wok geben. Brokkoli und Austernpilze darin 2–3 Min. unter Rühren braten. Nudeln untermischen und sofort servieren.

Selbst gemachte Bandnudeln

Lassen sich super vorbereiten!

Zubereitungszeit: **ca. 30 Min.**
Ruhezeiten: **30 Min.** + 1 Std.
Pro Portion: **ca. 480 kcal**

Für 4 Personen
400 g Mehl
4 sehr frische Eier (Größe L)
2 EL Olivenöl
1 gestrichener TL Salz
Außerdem:
Nudelmaschine *

Mehl, Eier, Öl und Salz, dazu eine Nudelmaschine – mehr brauchst Du nicht für selbst gemachte Bandnudeln.

Knete den Teig einfach mit den Händen!

Das Mehl auf die Arbeitsfläche sieben und eine Mulde eindrücken. Eier, Öl und Salz hineingeben und alles zu einem glatten Teig verkneten.

* Die Nudelmaschine bekommst Du im Haushaltswarengeschäft, in Küchenläden und großen Kaufhäusern.

Die fertige Teigkugel in Klarsichtfolie wickeln und ca. 30 Min. bei Zimmertemperatur ruhen lassen.

3

Die Nudelmaschine installieren. Ein Viertel des Teiges abschneiden (Rest wieder einwickeln). Teig durch die Walze drehen und den Teigstreifen immer wieder dünner werdend auswalzen (bei 9 Stufen bis Stufe 7).

4

5

Teig mit Mehl bestäuben, damit er nicht klebt.

Den Teigstreifen quer teilen und durch die Bandnudel-Schneidewalze drehen. So den ganzen Teig verarbeiten.

6

Die fertigen Nudeln für 1 Std. zum Trocknen über einen Besenstiel oder über einen Metallkleiderbügel hängen. Wie Du sie zubereiten und variieren kannst, steht auf der nächsten Seite.

Nudelteig kreativ
kombiniert

HIER KOMMT FARBE INS SPIEL!

* **Mit Tomate:** Für eine hübsche rote Farbe 2 EL Tomatenmark mit Eiern, Salz und Öl unter das Mehl kneten. Die Tomatennudeln haben ein dezentes Aroma, das gut zu Hackfleischsauce passt.
* **Mit Basilikum:** Ein Bund Basilikum waschen, trocken schütteln, die Blätter in einem Mixbecher mit 2 EL Olivenöl mit dem Pürierstab pürieren. Mit Salz und Eiern unter das Mehl kneten. Zu Basilikumnudeln passen Sahnesaucen mit zartem Gemüse (zum Beispiel die Frühlingsvariante mit Spargel auf der rechten Seite).
* **Mit Safran:** 2 Döschen gemahlenen Safran (0,2 g) in 2 EL heißem Wasser auflösen und abkühlen lassen. Mit Eiern, Salz und Öl in die Mehlmulde geben und unterkneten. Safrannudeln schmecken toll zu Saucen mit Fisch und Meeresfrüchten.

AHA! EIN PAAR KOCHTIPPS:

* Frische Nudeln haben eine sehr kurze Garzeit. Sie brauchen nur ca. 2 Min., um bissfest zu werden. Die Sauce sollte also unbedingt schon fertig sein, bevor Du die Nudeln ins sprudelnd kochende Salzwasser gibst.
* Ist die Ergänzung zur selbst gemachten Pasta mehr gebratene Beigabe als flüssige Sauce, die fertigen Nudeln ins Sieb abgießen und sofort tropfnass untermischen. Ein Stückchen Butter sorgt für eine leichte Bindung.
* Bei sämigen Saucen die Nudeln ½ Min. im Sieb abtropfen lassen, damit sie die Sauce nicht verwässern.

DAS SCHMECKT DAZU:

★ *Frühlingsvariante: Bandnudeln mit Spargel*
Für 4 Personen: **600 g weißen Spargel** schälen und in 1 cm breite Stücke schneiden. Mit je **1 TL Salz** und **Zucker** in **2 EL Butter** in einer Pfanne ca. 3 Min. unter Rühren anbraten. **200 g Sahne** dazugießen und ca. 3 Min. einkochen lassen. Sauce mit **Pfeffer** und frisch geriebener **Muskatnuss** abschmecken. **1 Handvoll gehackten Kerbel** unter die gekochten, abgetropften Nudeln mischen.

★ *Herbstvariante: Bandnudeln mit Pfifferlingen*
Für 4 Personen: **500 g Pfifferlinge** putzen. Wenn sie schmutzig sind, 2 l kaltes Wasser mit 1 EL Mehl in eine Schüssel geben, die Pilze darin schnell waschen und anschließend auf Küchenpapier abtropfen lassen. Pilze in **2–3 EL Olivenöl** 3–4 Min. in einer großen Pfanne braten. Die Pilze mit **1 EL frischen Thymianblättchen, Salz** und **Pfeffer** würzen. Die **gekochten Nudeln** sofort tropfnass in eine angewärmte Schüssel geben und mit den **Pilzen** und **1–2 EL Butter** mischen.

> Die Teig-
> konsistenz
> variiert je nach
> Größe der Eier.

AAAAH ... HILFE!

★ **Der Teig lässt sich schwer kneten!**
Wenn der Teig zu bröselig ist, einfach die Hände anfeuchten – dann geht's gleich besser!

★ **Der Teig klebt an den Fingern!**
Teile ihn in 2–3 Portionen und knete jeweils eine kleine Menge Mehl unter.

★ **Der Teig klebt in der Nudelmaschine!**
Bestreue den Teigstreifen zwischen den Walzvorgängen immer wieder mit Mehl. Keine Sorge, das geht beim Kochen wieder ab!

Mangold-Bärlauch-Nudeln

kräuterfrische Frühlingspasta

Zubereitungszeit: ca. 25 Min.
Pro Portion: **ca. 600 kcal**

Für 2 Personen
1 kleines Bund Bärlauch✱
1 EL rosa Pfefferbeeren
150 g griechischer Joghurt (10 % Fettgehalt)
1 EL Zitronensaft
3 EL Olivenöl
Salz
Zucker
200 g Mangold
200 g Buchweizen-Spaghetti

✱ Außerhalb der kurzen Bärlauch-Saison im Frühling kannst Du 50 g Baby-Spinat und 1 kleine Knoblauchzehe nehmen.

1. Bärlauch waschen und die groben Stiele entfernen. Die Blätter mit rosa Pfeffer, Joghurt, Zitronensaft und 1 EL Olivenöl im Mixer oder in einem hohen Gefäß mit dem Pürierstab fein pürieren. Joghurt mit Salz und 1 Prise Zucker abschmecken.

2. Den Mangold waschen, die weißen Stängel keilförmig aus den Blättern herausschneiden und klein würfeln. Das Grün in feine Streifen schneiden.

3. In einem Topf 2 l Wasser aufkochen lassen, 2 TL Salz und die Nudeln hineingeben, einmal umrühren und die Nudeln nach Packungsangabe in ca. 10 Min. bissfest kochen.

4. Während die Nudeln kochen, das übrige Öl (2 EL) in einer Pfanne erhitzen. Die ge-würfelten Mangoldstängel hineingeben und 2 Min. darin braten. 2 EL Wasser dazugeben und die Stängel in 2–3 Min. zugedeckt weich dünsten. Dann die Mangoldblätter dazugeben und noch ca. 2 Min. mitdünsten. Mit Salz würzen.

5. Die Nudeln in ein Sieb abgleßen und ca. ½ Min. abtropfen lassen, dann mit dem Mangold mischen und in zwei tiefe Teller oder Schalen verteilen. Den Bärlauchjoghurt darübergießen und das Gericht sofort servieren.

Schmeckt
dank Limette
herrlich
frisch!

Zucchini-Minze-Nudeln

Mmhh, mit Mascarpone!

Zubereitungszeit: **ca. 25 Min.**
Pro Portion: **ca. 650 kcal**

Für 2 Personen
1 Zucchino (ca. 150 g)
1 Knoblauchzehe
2 Frühlingszwiebeln
1 Bio-Limette
2–3 Stängel Minze
80 g Mascarpone
Salz | Pfeffer
Zucker
200 g Dinkel-Fusilli (Spiralnudeln)
2 EL Olivenöl

1. Den Zucchino waschen, putzen, längs halbieren und quer in dünne Halbmonde schneiden. Knoblauch schälen und halbieren, ggf. den grünen Trieb entfernen. Knoblauch fein hacken. Von den Frühlingszwiebeln die Wurzeln und einen Teil des Grüns abschneiden, den Rest waschen und in feine Ringe schneiden.

2. Die Limette heiß abwaschen und abtrocknen. Die Schale auf der Küchenreibe fein abreiben, den Saft auspressen (soll 2 EL ergeben). Die Minze waschen und trocken schütteln, die Blätter abzupfen.

3. Mascarpone, den Limettensaft und die -schale, die Minzeblätter und je 1 kräftige Prise Salz, Pfeffer und Zucker im Mixer oder in einem hohen Gefäß mit dem Pürierstab fein pürieren.

4. In einem Topf 2 l Wasser aufkochen lassen, dann 2 TL Salz und die Nudeln hineingeben. Alles mit einem langen Kochlöffel einmal umrühren und die Nudeln nach Packungsangabe in ca. 10 Min. bissfest kochen.

5. Während die Nudeln kochen, das Öl in einer Pfanne erhitzen. Zucchini, Knoblauch und Frühlingszwiebeln darin 3–4 Min. unter gelegentlichem Wenden braten. Mit Salz und Pfeffer würzen.

6. Die Nudeln in ein Sieb abgießen und ca. ½ Min. abtropfen lassen, dann mit dem Pfanneninhalt gut mischen. Die Mascarpone-Sauce darüber verteilen und sofort servieren.

AUS DEM OFEN

Spaghetti mit Hackbällchen

Nette Freunde dazu einladen!

Zubereitungszeit: **ca. 35 Min.**
Backzeit: **ca. 15–20 Min.**
Pro Portion (bei 6): **ca. 790 kcal**

Für 4–6 Personen
2 Zwiebeln
2 Knoblauchzehen
6–8 EL Olivenöl
1 große Dose stückige Tomaten (800 g)
Salz | Pfeffer
600 g gemischtes Hackfleisch
1 TL mittelscharfer Senf
1 TL getrockneter Oregano
1 TL rosenscharfes Paprikapulver
500 g Spaghetti
2 Kugeln Mozzarella (250 g)
Außerdem:
große, ofenfeste Form
oder 4–6 Portionsformen

1. Für die Tomatensauce 1 Zwiebel schälen und fein würfeln. 1 Knoblauchzehe schälen und halbieren, ggf. den grünen Trieb entfernen. Knoblauch fein würfeln.

2. 2 EL Olivenöl in einem Topf erhitzen. Zwiebel- und Knoblauchwürfel darin in 1–2 Min. unter Rühren glasig andünsten, die Tomaten aus der Dose dazugeben und ca. 15 Min. einkochen lassen. Sauce mit Salz und Pfeffer würzen.

3. Für die Hackbällchen übrige Zwiebel und restliche Knoblauchzehe schälen, ggf. den grünen Trieb aus der Zehe entfernen. Knoblauch und Zwiebel fein hacken und mit Hackfleisch, Senf, Oregano, Paprika, je 1 knappen TL Salz und Pfeffer gründlich verkneten. Aus der Hackmasse 20 walnussgroße Bällchen formen.

4. In einem Topf 5 l Wasser aufkochen lassen, 5 TL Salz und die Spaghetti hineingeben, einmal umrühren und die Nudeln darin nach Packungsangabe in ca. 8 Min. bissfest kochen. Während die Nudeln kochen, in einer großen Pfanne 2 EL Öl erhitzen und die Hackbällchen darin bei mittlerer Hitze rundherum in ca. 5 Min. braun braten.

5. Die Spaghetti in ein Sieb abgießen, kalt überbrausen und abtropfen lassen. Den Mozzarella in Scheiben schneiden.

6. Inzwischen den Backofen auf 180° vorheizen. Form oder Förmchen mit etwas Öl ausstreichen. Spaghetti hineingeben, Hackbällchen, Tomatensauce und Mozzarellascheiben darauf verteilen. Mit 1–2 EL Öl beträufeln. Im heißen Ofen (Mitte) je nach Formgröße 15–25 Min. überbacken, bis der Käse geschmolzen und die Oberfläche leicht gebräunt ist.

Überbackene Tortellini

Zubereitungszeit: **ca. 25 Min. (+ Auftauzeit)**
Backzeit: **ca. 15 Min.**
Pro Portion: **ca. 620 kcal**

Für 2 Personen
225 g TK-Blattspinat
1 TL Butter | Salz
300 g frische Tortellini (aus der Kühltheke,
Spinat- oder Käsefüllung)
½ Bio-Zitrone
1 TL Speisestärke
100 ml Milch
100 g Sahne
frisch geriebene Muskatnuss
Pfeffer
80 g Fontina (milder italienischer
Kuhmilchkäse, ersatzweise Mozzarella)
Außerdem:
ofenfeste Form

1. Den Spinat rechtzeitig auftauen lassen.
Die Form mit der Butter ausstreichen.

2. In einem Topf 3 l Wasser aufkochen lassen, 3 TL Salz und die Tortellini hineingeben, einmal umrühren und die Nudeln
nach Packungsangabe in 2–4 Min.
bissfest kochen. Die Tortellini mit einem
Schaumlöffel herausheben, jeweils kurz
abtropfen lassen und in die Form geben.

3. Die Zitronenhälfte heiß abwaschen
und abtrocknen, ½ TL Schale auf der
Küchenreibe fein abreiben, 2 EL Saft auspressen. Die Speisestärke in einer Tasse
mit 2 EL Milch verrühren.

4. Die übrige Milch mit der Sahne in einem
Topf aufkochen lassen. Die Stärkemi-
schung mit dem Schneebesen einrühren
und die Sauce in ca. 1 Min. unter Rühren
sämig einkochen lassen. Sauce vom Herd
nehmen. Zitronensaft und -schale unterrühren. 1 kräftige Prise Muskat dazurei-
ben und alles mit Salz und Pfeffer würzen.

5. Inzwischen den Backofen auf 200°
vorheizen. Den Spinat ausdrücken und
auf den Tortellini verteilen, leicht salzen
und pfeffern. Zitronensauce darübergeben. Den Fontina-Käse klein würfeln und
gleichmäßig darüberstreuen.

6. Die Tortellini im heißen Backofen (Mitte)
ca. 15 Min. überbacken, bis der Käse
geschmolzen und die Oberfläche leicht
gebräunt ist. Sofort servieren.

Lasagne mit Hackfleisch

Lasagne mit Hackfleisch

italienischer Hochstapler, den alle lieben

Zubereitungszeit: ca. 45 Min.
Backzeit: ca. 30 Min.
Ruhezeit: ca. 10 Min.
Pro Portion: ca. 915 kcal

Für 4 Personen
1 Zwiebel
1 Knoblauchzehe
1 Möhre
1 Stange Staudensellerie
4 EL Olivenöl
400 g gemischtes Hackfleisch
1 EL Tomatenmark
1 große Dose stückige Tomaten (800 g)
Salz | Pfeffer
100 g Parmesan (am Stück)
500 ml Milch
50 g Butter
2 EL Mehl
ca. 250 g Lasagneblätter (ohne Vorkochen)
Außerdem:
ofenfeste Form (ca. 20 x 30 cm)

1. Die Zwiebel schälen und fein hacken. Knoblauch schälen und halbieren, ggf. den grünen Trieb aus der Zehe entfernen und den Knoblauch ebenfalls hacken. Die Möhre schälen und auf der Küchenreibe grob raspeln. Die Selleriestange putzen, waschen und fein würfeln.

2. Einen Schmortopf bei mittlerer Hitze ergitzen. 3 EL Öl, dann das Hackfleisch hineingeben und in 3–4 Min. »krümelig braten« (siehe S. 13). Dann Zwiebel, Knoblauch und Tomatenmark ca. 2 Min. mitbraten. Möhrenraspel und Selleriewürfel unterrühren und ca. 1 Min. mitbraten. Tomaten unterrühren, aufkochen und ca. 10 Min. bei mittlerer Hitze einkochen lassen, dabei gelegentlich umrühren. Mit Salz und Pfeffer würzen.

Was mache ich, ...

... wenn die Lasagneblätter nicht in die Form passen? Dann brich sie einfach in passende Stücke. Aber die Nudelblätter dürfen nicht übereinander lappen, damit das Mengenverhältnis von Nudeln und Füllung passt und die Lasagne schön saftig wird.

3. Den Parmesan auf der Küchenreibe fein reiben. Für die Béchamelsauce Milch und Butter in einem Topf erhitzen, bis die Butter geschmolzen ist. Das Mehl hinzufügen und sofort mit dem Pürierstab durchmixen, damit sich keine Klümpchen bilden. Die Sauce in ca. 3 Min. unter Rühren sämig einkochen lassen. Den Topf vom Herd nehmen, die Hälfte des geriebenen Parmesans unterrühren und alles mit Salz und Pfeffer abschmecken.

4. Den Backofen auf 200° vorheizen. Die Form mit dem übrigen Öl (1 EL) ausstreichen und mit Lasagneblättern auslegen (siehe Info). Ein Drittel der Hackfleischsauce darauf verteilen und 2–3 EL Béchamelsauce darübersprenkeln. Darauf wieder Lasagneblätter, Hackfleischsauce und Béchamelsauce einschichten, bis alles aufgebraucht ist. Die letzte Schicht besteht aus Nudelblättern, die sorgfältig mit Béchamelsauce bedeckt sein müssen, damit sie beim Backen nicht austrocknen. Den übrigen Parmesan gleichmäßig darüberstreuen.

5. Die Lasagne im heißen Ofen (Mitte) ca. 30 Min. backen, bis die Oberfläche schön gebräunt ist. Vor dem Portionieren noch ca. 10 Min. ruhen lassen, dann mit einem Messer in Stücke schneiden und mit einem Pfannenwender auf Teller heben.

VARIANTE: GEMÜSELASAGNE

Für 4 Personen: **3 Möhren** schälen, **3 kleine Zucchini** waschen und putzen. Gemüse mit dem Sparschäler längs in dünne Streifen hobeln. Eine ofenfeste Form mit **1 TL Butter** ausstreichen. **300 ml Milch** mit **40 g Butter** aufkochen lassen. **1 EL Mehl** und **40 g gemahlene Haselnüsse** mit dem Pürierstab untermixen. **300 ml Gemüsebrühe** (Instant) und **2 EL kleine Kapern** (Glas) hinzufügen. Sauce in ca. 3 Min. einkochen lassen, mit **Salz** und **Pfeffer** würzen. Von **250 g Lasagneblättern** eine Schicht in die Form legen, die Hälfte der Möhren und ein Viertel der Sauce darüber verteilen. Nudelblätter, die Hälfte der Zucchinistreifen und ein Viertel der Sauce einschichten. So fortfahren, bis alles aufgebraucht ist, mit Zucchini und übriger Sauce abschließen. **2 EL gehackte Haselnüsse** aufstreuen. Lasagne im vorgeheizten Ofen (Mitte) bei 180° ca. 45 Min. backen.

Makkaroni-Schinken-Auflauf

für den großen Hunger bei kleinem Geld

Zubereitungszeit: **ca. 25 Min.**
Backzeit: **ca. 20–30 Min.**
Pro Portion: **ca. 675 kcal**

Für 4 Personen
150 g TK-Erbsen
Salz
250 g Makkaroni
150 g gekochter Schinken (in dickeren
Scheiben)✳
2 Frühlingszwiebeln
1–2 TL Butter
4 Eier (Größe M)
100 ml Milch
200 g Sahne
Cayennepfeffer
frisch geriebene Muskatnuss
120 g geriebener Bergkäse
Außerdem:
große, ofenfeste Form oder
4 Portionsformen

✳ Wenn Du keinen Schinken magst, kannst Du ihn
durch geräucherte Putenbrust ersetzen.

1. Die Erbsen auf einen Teller geben und antauen lassen. In einem Topf 2,5 l Wasser aufkochen lassen, 2 ½ TL Salz und die Makkaroni hineingeben, einmal umrühren und die Nudeln nach Packungsangabe in ca. 10 Min. bissfest kochen. Dann die Nudeln in ein Sieb abgießen, kalt überbrausen und abtropfen lassen.

2. Den Schinken in Streifen schneiden. Von den Frühlingszwiebeln die Wurzeln und einen Teil des Grüns abschneiden, den Rest waschen und in Ringe schneiden.

3. Backofen auf 180° vorheizen, Form oder Förmchen mit Butter ausstreichen. Makkaroni, Schinken, Erbsen und Frühlingszwiebeln mischen und darin verteilen.

4. Eier, Milch und Sahne verrühren und mit je ½ TL Salz, Cayennepfeffer und Muskat verrühren. Mischung über die Nudeln gießen und den geriebenen Käse darüberstreuen. Den Auflauf im heißen Backofen (Mitte) je nach Formgröße 20–30 Min. überbacken, bis die Oberfläche schön gebräunt ist. Den Auflauf in großer Form vor dem Portionieren noch ca. 10 Min. ruhen lassen.

Nudel-Linsen-Auflauf

Zubereitungszeit: **ca. 30 Min.**
Backzeit: **ca. 25 Min.**
Pro Portion: **ca. 400 kcal**

Für 4 Personen
1 große Zwiebel
1 Stück frischer Ingwer (ca. 2 cm)
1 Knoblauchzehe
1 Bund Koriandergrün
1 EL Butterschmalz
150 g rote Linsen
1 TL Currypulver
350 ml Gemüsebrühe (Instant)
Salz | Pfeffer
2 große Fleischtomaten (ca. 500 g) *
1 TL Butter
ca. 150 g grüne Lasagneblätter
(ohne Vorkochen)
150 g Schmand
Außerdem:
ofenfeste Form (ca. 18 x 25 cm)

*Gute Fleischtomaten haben ein festes Fruchtfleisch und sind nicht so wässerig. Wenn Du »normale« Tomaten nimmst, solltest Du sie zunächst quer halbieren und die Samen entfernen, dann erst das Fruchtfleisch würfeln.

1. Zwiebel und Ingwer schälen und fein hacken. Knoblauch schälen und halbieren, ggf. den grünen Trieb entfernen. Knoblauch hacken. Das Koriandergrün waschen und trocken schütteln, die Blätter abzupfen und fein hacken.

2. Das Butterschmalz in einem Topf bei mittlerer Hitze schmelzen lassen. Zwiebel, Ingwer und Knoblauch darin ca. 3 Min. bei mittlerer Hitze anbraten. Linsen und Currypulver dazugeben und ca. 2 Min. unter ständigem Rühren mitbraten. Die Brühe dazugießen, aufkochen und die Linsen in ca. 10 Min. knapp gar kochen. Linsen mit Salz und Pfeffer würzen und das Koriandergrün untermischen. Den Topf vom Herd ziehen.

3. Backofen auf 180° vorheizen. Tomaten waschen und ohne die Stielansätze klein würfeln. Die Form mit der Butter ausstreichen. Eine Lage Nudelblätter einlegen. Ein Drittel der Linsen und die Hälfte der Tomaten darauf verteilen. Wieder Nudelblätter, ein Drittel Linsen und die übrigen Tomaten einschichten. Darüber eine Schicht Nudeln legen. Schmand unter die übrigen Linsen mischen, salzen, pfeffern und auf den Nudeln verteilen. Auflauf im heißen Ofen (Mitte) ca. 25 Min. backen.

Auberginen-Cannelloni

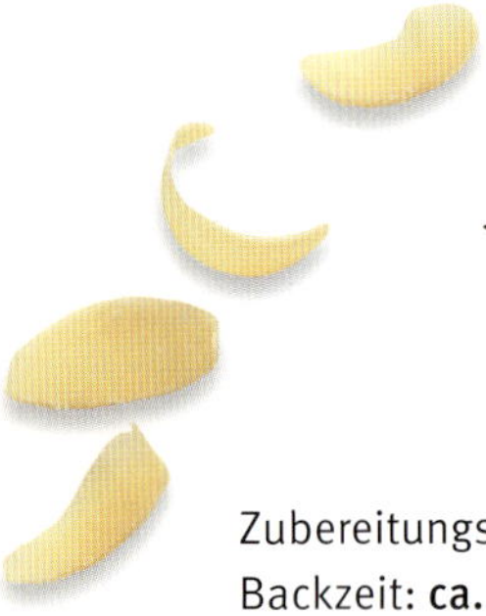

Auberginen-Cannelloni

Sattmacher von der italienischen Mamma

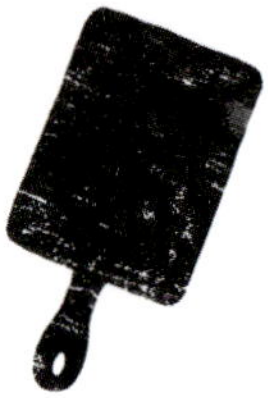

Zubereitungszeit: **ca. 50 Min.**
Backzeit: **ca. 35 Min.**
Pro Portion: **ca. 740 kcal**

Für 4 Personen
1 große Aubergine (ca. 400 g)
Salz
1 große rote Paprikaschote
1–2 Knoblauchzehen
6 EL Olivenöl
Pfeffer
1 ½ TL gemahlener Kreuzkümmel
½ Bio-Zitrone
60 g Parmesan (am Stück)
500 g Ricotta
ca. 200 g Cannelloni (ohne Vorkochen)
1 Kugel Mozzarella (125 g)
1 große Dose stückige Tomaten (800 g)
Außerdem:
ofenfeste Form (20 x 30 cm)

1. Die Aubergine waschen. Den Stielansatz wegschneiden. Aubergine in ca. ½ cm dicke Scheiben und diese in Würfelchen schneiden. In ein Sieb geben, 1 EL Salz untermischen und die Auberginenwürfel ca. 10 Min. Wasser ziehen lassen (siehe Info). Dann kalt überbrausen, mit den Händen ausdrücken und mit Küchenpapier trocken tupfen.

2. Die Paprikaschote längs aufschneiden und von Stielansatz, weißen Trennwänden und Samen befreien. Die Hälften waschen und fein würfeln. Knoblauch schälen und halbieren, ggf. den grünen Trieb aus den Zehen entfernen und den Knoblauch fein hacken.

Warum und wieso …

… soll die Aubergine gesalzen werden und »Wasser ziehen«? Das Salz entzieht ihr Bitterstoffe und sorgt dafür, dass sie sich beim Braten nicht wie ein Schwamm mit Öl vollsaugt. Die Prozedur macht Auberginen dadurch also leichter verdaulich.

3. In einer großen Pfanne 3 EL Öl erhitzen. Die Auberginenwürfel darin bei starker Hitze unter Rühren in 3–4 Min. braun braten. Paprikawürfelchen und Knoblauch unterrühren. Alles mit Salz, Pfeffer und Kreuzkümmel würzen. Lauwarm abkühlen lassen.

4. Inzwischen die Zitronenhälfte heiß abwaschen und abtrocknen. Die Schale auf der Küchenreibe fein abreiben, den Saft auspressen. Den Parmesan auf der Küchenreibe fein reiben. Ricotta in eine Schüssel geben und mit der Hälfte des Parmesans, der Auberginenmischung, Zitronensaft und -schale vermengen. Mit Salz und Pfeffer abschmecken.

5. Den Backofen auf 180° vorheizen, die Form mit 1 EL Öl ausstreichen. Die Cannelloni mithilfe eines Teelöffels und der Finger mit der Ricottamischung füllen und nebeneinander in die Form legen.

6. Den Mozzarella klein würfeln. Die Tomaten in der Dose mit dem übrigen Olivenöl (2 EL) und je 1 kräftigen Prise Salz und Pfeffer verrühren und über die Cannelloni gießen. Mozzarella und übrigen Parmesan darüberstreuen. Den Auflauf im heißen Ofen (Mitte) ca. 35 Min. backen, bis der Mozzarella geschmolzen ist.

VARIANTE: LACHSRÖLLCHEN

Für 2 Personen: **1 Möhre** schälen und in dünne Stifte schneiden. **1 dünne Stange Lauch** putzen und in feine Streifen schneiden. Beides ca. 2 Min. in kochendem **Salzwasser** garen, in ein Sieb abgießen und kalt überbrausen. **8 Lasagneblätter** in 4–5 Min. in kochendem Salzwasser bissfest kochen. Mit einem Schaumlöffel herausheben und auf der Arbeitsfläche auslegen. **150 g Crème fraîche** mit **2 EL mittelscharfem Senf** und **1 EL getrocknetem Estragon** verrühren. **250 g Lachsfilet** in 8 längliche Stücke schneiden, mit **Salz** und **Pfeffer** würzen. Jeweils mittig etwas Gemüse und 1 Lachsstück auf die Nudelblätter legen und 1 TL Senfcreme daraufgeben. Von der Schmalseite her aufrollen und in eine gebutterte Form legen. Übrige Senfcreme mit **100 g Sahne** verquirlen und darübergießen. Im vorgeheizten Ofen (Mitte) bei 180° ca. 20 Min. backen.

Gefüllte Conchiglioni

Zubereitungszeit: ca. 30 Min.
Backzeit: ca. 30 Min.
Pro Portion (bei 6): **ca. 560 kcal**

Für 4–6 Personen
1 kleiner Hokkaido-Kürbis (knapp 1 kg) *
1 große Zwiebel
2 Knoblauchzehen
1 Fleischtomate (250 g)
6 getrocknete, in Öl eingelegte Tomaten
(+ 3 EL Tomatenöl)
1 EL getrockneter Oregano
Salz | Pfeffer
12 schwarze Oliven (ohne Stein)
300 g Conchiglioni (große Muschelnudeln)
1 EL Olivenöl
150 g Feta-Schafskäse
200 g Sahne
4 Eier (Größe M)
Außerdem:
Auflaufform (ca. 25 x 30 cm)

*** Die** Schale kann man beim Hokkaido mitessen.
Wenn Du eine andere Sorte (z. B. Muskat-Kürbis)
verwendest, brauchst Du ca. 1,2 kg, denn da muss
die harte Schale ab.

1. Den Kürbis waschen und mit einem großen Messer halbieren. Kerne und Fasern
herauskratzen und die Hälften samt der
Schale klein würfeln.

2. Die Zwiebel schälen und fein hacken.
Knoblauch schälen und halbieren, ggf.
den grünen Trieb entfernen. Knoblauch
hacken. Die Fleischtomate waschen und
ohne Stielansatz klein würfeln.

3. Getrocknete Tomaten abtropfen lassen,
dabei 3 EL Öl auffangen. Zwiebel, Knoblauch und Kürbis in dem Tomatenöl
4–5 Min. bei mittlerer Hitze braten. Alles
mit Oregano, Salz und Pfeffer würzen.
Lauwarm abkühlen lassen. Getrocknete
Tomaten und Oliven fein würfeln und mit
den Fleischtomatenwürfeln untermischen.

4. In einem Topf 3 l Wasser aufkochen
lassen, 3 TL Salz und die Conchiglioni
hineingeben, einmal umrühren und
die Nudeln nach Packungsangabe in
10–12 Min. bissfest kochen. In ein Sieb
abgießen, kalt überbrausen und abtropfen lassen. Das Öl untermischen,
damit sie nicht zusammenkleben.

5. Den Backofen auf 180° vorheizen. Die
Muschelnudeln mit der Kürbismischung
füllen und nebeneinander in die Form
setzen. Den Schafskäse darüberbröseln.
Sahne und Eier verquirlen, salzen, pfef-
fern und darübergießen. Im heißen Ofen
(Mitte) ca. 30 Min. überbacken, bis die
Oberfläche leicht gebräunt ist.

Nudelnester
mit Speck und Pilzen

prima als kleine, leichte Vorspeise

Zubereitungszeit: **ca. 35 Min.**
Backzeit: **ca. 25 Min.**
Pro Portion: **ca. 215 kcal**

Für 12 Stück
60 g geräucherter Speck (ohne Schwarte)
300 g Kräuterseitlinge*
je ½ Bund Petersilie und Thymian
2 EL Olivenöl
Salz | Pfeffer
200 g Maccheroncini (dünne Makkaroni)
1 EL weiche Butter
3 EL Semmelbrösel
200 g Sahne
4 Eier (Größe M)
1 Knoblauchzehe
3 EL frisch geriebener Parmesan
Außerdem:
12-er-Muffinsform

*Die aromatischen, festen Zuchtpilze musst Du nicht groß putzen. Wenn Du im Supermarkt oder Bioladen keine bekommst, kannst Du sie durch braune Champignons ersetzen. Diese trocken abreiben.

1. Den Speck fein würfeln. Die Pilze klein schneiden. Die Kräuter waschen und trocken schütteln, die Blätter abzupfen bzw. abstreifen und fein hacken.

2. Das Öl in einer großen Pfanne erhitzen. Speck und Pilze darin bei starker Hitze 4–5 Min. braten. Die Kräuter unterrühren und alles mit Salz und Pfeffer würzen. Die Pfanne beiseitestellen.

3. In einem Topf 2 l Wasser aufkochen lassen, 2 TL Salz und die Maccheroncini hineingeben, einmal umrühren und die Nudeln nach Packungsangabe in ca. 8 Min. bissfest kochen. Dann die Maccheroncini in ein Sieb abgießen, kalt überbrausen und abtropfen lassen.

4. Den Backofen auf 200° vorheizen. Die Mulden der Muffinsform mit der Butter ausfetten und mit den Semmelbröseln ausstreuen. Jeweils 3–4 Nudeln zu Nestchen um die Finger wickeln und in die Mulden legen. Die Öffnung in der Mitte mit der Pilzmischung füllen.

5. Sahne und Eier in einen Mixbecher geben. Knoblauch schälen und dazupressen. Alles mit einem Schneebesen gut verquirlen und mit Salz und Pfeffer würzen. Die Eiermischung über die Nudelnester verteilen und den Parmesan darüberstreuen. Die Nudelnester im heißen Ofen (Mitte) in ca. 25 Min. goldbraun backen.

Nudel-Garnelen-Päckchen

für ein kleines, romantisches Essen zu zweit

Zubereitungszeit: **ca. 20 Min.**
Backzeit: **ca. 12 Min.**
Pro Portion: **ca. 420 kcal**

Für 2 Personen
1 kleine Fenchelknolle mit Grün
½ Bio-Orange
8–10 rohe, geschälte Riesengarnelen
(ca. 250 g)
Salz
120 g Spaghetti
1 EL Olivenöl
1 EL Butter
Außerdem:
2 Bögen Pergamentpapier (40 x 40 cm)＊
Küchengarn

＊Das weiße Papier bekommst Du in Haushaltswarengeschäften. Zur Not tut's aber auch Backpapier, das
Du in jedem Supermarkt findest.

1. Den Fenchel waschen, zartes Grün
abschneiden und beiseitelegen. Die
Knolle längs halbieren, den Strunk
herausschneiden und die Hälften in feine
Spalten schneiden. Die Orangenhälfte
heiß abwaschen und abtrocknen. Die
Schale auf der Küchenreibe fein abreiben
und den Saft auspressen.

2. Die Garnelen am Rücken (also an der
gekrümmten Seite außen) längs ca. 2 mm
tief einschneiden und den schwarzen
Darmfaden entfernen.

3. In einem Topf 2 l Wasser aufkochen
lassen, 2 TL Salz und die Spaghetti
hineingeben, einmal umrühren und
die Nudeln nach Packungsangabe in
ca. 8 Min. bissfest kochen.

4. Öl und Butter in einer Pfanne erhitzen,
den Fenchel darin bei mittlerer Hitze ca.
2 Min. anbraten. Orangensaft und -schale
dazugeben, ca. 3 Min. einkochen lassen
und mit Salz und Pfeffer würzen. Das
Fenchelgrün hacken und untermischen.

5. Den Backofen auf 180° vorheizen. Die
Garnelen salzen. Die Nudeln in ein Sieb
abgießen, ca. ½ Min. abtropfen lassen
und unter den Orangenfenchel mischen.

6. Die Papierbögen nebeneinander auf
die Arbeitsfläche legen. Spaghetti und
Garnelen mittig daraufgeben, Pergamentpapier über der Füllung zusammenraffen
und mit Küchengarn zusammenbinden
wie Säckchen. Die Nudel-Garnelen-Päck-
chen im heißen Backofen (Mitte) auf dem
Blech ca. 12 Min. garen.

Damit Du Rezepte noch schneller findest, sind in diesem Register auch beliebte Hauptzutaten wie Hackfleisch und Tomaten alphabetisch eingeordnet und hervorgehoben. Darunter findest Du das Rezept Deiner Wahl. Vegetarische Rezepte sind grün abgesetzt.

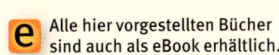

IMPRESSUM

© 2014 GRÄFE UND UNZER
VERLAG GMBH, München

Konzept und Projektleitung:
Alessandra Redies
Lektorat:
Susanne Bodensteiner
Korrektorat: Susanne Elbert
**Layout, Typografie und
Umschlaggestaltung:**
independent Medien-Design,
Horst Moser, München
Illustrationen: Julia Hollweck
Herstellung: Petra Roth
Satz: Marion Feldmann
Reproduktion: medienprinzen
GmbH, München
Druck und Bindung:
Printer, Trento
Syndication:
www.jalag-syndication.de
ISBN 978-3-8338-3776-0
1. Auflage 2014

Die Autorin
Margit Proebst, studierte
Kunstgeschichte und Philoso-
phie, daneben betrieb sie über
viele Jahre einen kleinen Cate-
ring-Service. Seit 1999 arbeitet
die passionierte Köchin als
Kochbuchautorin und Foodsty-
listin in München. Inzwischen
sind über 40 Bücher von ihr
erschienen. Die internationa-
len Nudelrezepte in diesem
Buch, bei denen sich einfache
Alltagsgerichte mit Raffiniertem

für Gäste und Feste abwech-
seln, sind so konzipiert und
beschrieben, dass sie sicher
gelingen und auch Küchenneu-
linge damit glänzen werden.

Der Fotograf
Klaus-Maria Einwanger foto-
grafiert in seinen KME-Studios
im Süden von München und
in London Foodthemen mal
stylisch, mal emotional, aber
immer voller Atmosphäre.
Gemeinsam mit Sven Dittmann
(Foodstyling) und Alexandra
Holzer (Styling) setzte er auch
die Veggie-Rezepte dieses
Buches ins rechte Licht. Um die
spätere Bildbearbeitung küm-
merte sich Christian Kempf.

Backofenhinweis
Die Backzeiten können je nach
Herd variieren. Die Temperatur-
angaben in diesem Buch be-
ziehen sich auf das Backen im
Elektroherd mit Ober- und Un-
terhitze und können bei Gas-
herden oder Backen mit Umluft
abweichen. Details entnehmen
Sie bitte der Gebrauchsanwei-
sung für Ihren Herd.

Liebe Leserin, lieber Leser,
haben wir Ihre Erwartungen erfüllt?
Sind Sie mit diesem Buch zufrie-
den? Haben Sie weitere Fragen zu
diesem Thema? Wir freuen uns auf
Ihre Rückmeldung, auf Lob, Kritik
und Anregungen, damit wir für Sie
immer besser werden können.

GRÄFE UND UNZER Verlag
Leserservice
Postfach 86 03 13
81630 München
E-Mail:
leserservice@graefe-und-unzer.de

Telefon: 00800 / 72 37 33 33*
Telefax: 00800 / 50 12 05 44*
Mo–Do: 8.00–18.00 Uhr
Fr: 8.00–16.00 Uhr
(* gebührenfrei in D, A, CH)

Ihr GRÄFE UND UNZER Verlag
Der erste Ratgeberverlag – seit 1722.

 www.facebook.com/gu.verlag

GRÄFE UND UNZER

Ein Unternehmen der
GANSKE VERLAGSGRUPPE